『日本学术文库』

日本的佛教与神祇信仰

〔日〕义江彰夫 著

陆晚霞 译

商務印書館
创于1897 The Commercial Press

本书根据岩波书店 1996 年版译出

编者序言

中日两国一衣带水，文化交流源远流长。早在古代，日本尚未进入世界大多数国家人们的眼界，中国史书《汉书》、《后汉书》、《三国志》等史籍就予以记载，不特留下了珍贵的史料，而且也是研究日本古代史唯一的文字资料。其时，四大文明之一的中国文明光耀世界，领袖东亚。古代日本举国一致，倾力学习中国，引进中国的文字、宗教及典章制度等，曾几何时，便为一文明国家，故谓中国文化是日本文化的源流并非过言。中世纪时日本仍旧关注中国，继续吸取中国文明，并形成自己独特的文化。而中国却很少学习、研究日本，及至江户幕府，日本行闭关锁国之策，中国和日本的交流几至中断。

千余年来，两国的交流与相互研究的这种不均衡，固然与中国为东亚文明中心，而日本处于边缘的位置有关，但也和两国朝代更迭，对外政策变化频繁不无关系，此可为前车之鉴。

19世纪以降，西力东渐，近代思想文化、科学技术传到亚洲，日本得风气之先，仿效西方，断行明治维新，一举成为东亚最初的近代化国家。同时吸收西方近代文明，参以本土文化，成就了具有自身特色的近代日本文化。第二次世界大战后，帝国日本败亡，日本的思想、学术摆脱了法西斯文化专制的桎梏，焕然一新，百花齐放，硕果累累，并涌现了不少世界一流的学者或思想家，为世界所瞩目。

反观清末以来的中国，列强肆虐，国将不国，仁人志士痛定思痛，欲效仿日本，实现近代化，救国于危亡之中，故大批中国学子赴日留学，攻读近代法政、科学等课目，归国后给中国带来了改革图变的新风。虽然他们学习的是西方近代科学，但也将日人的社会科学、文学作品大量翻译、介绍到中国；而对日本的研究则出现了黄遵宪这样的大家。但当时中国形势动荡，加之战祸频仍，故日本学术著作的翻译既未能形成规模，也没有构成体系。

自中华人民共和国建立以来，特别是实行改革开放政策以来，中国与各国的文化交流方兴未艾，尤其是学术著作的翻译空前昌盛，蔚然大观。但与译介欧美著作相比，对东方各国，包括日本的学术著作的译介相对薄弱，这是中国对日本整体情况缺乏系统了解，其研究远不及欧美的原因之一。中国是最先知道日本的国家，而今却落人之后，不能不使有识之士为之扼腕。

商务印书馆自开馆以来，以开启民智为己任，百年来倾力移译各国学术著作，积累丰厚。其中，所译日本各类书籍不下百余种。但囿于时代与环境条件等，许多名著未能译出，尤其是日本古代的思想学术著作少之又少。

有鉴于此，商务印书馆和日本早稻田大学合作，欲翻译出版日本古往今来之社会科学经典名著 150 种，尽其所能将日本学术精萃尽收网罗，差可弥补往日翻译之不足。

“他山之石，可以攻玉”，此次大量翻译、引进日本学术名著不仅可借鉴其理论及方法论，开拓我国学人之识见，且可较为深刻、系统地了解日本历史、国家、社会、民族及目前的学术状况，俾使中日两国人民加深互相理解。

本丛书所选原书皆为经典名著，且译者也为各相应领域中的专家，每种书前均有专家导读，注释亦求详备，一般读者当会因此获益。

本丛书虽规划为150种，但随着学术进步及今人眼光改变，难免再做补充。我们志在使这套丛书尽善尽美，少留或不留遗憾，为此呕心沥血，在所不辞。然自谓才疏学浅，汲深绠短，不免疏漏错讹，如蒙方家指正，则不胜荣幸。

王仲涛

刘　迪

2005 年 12 月

目　录

导　读

一　本书的结构和中文译名

首先想说明的是本书的内容构成，大致上由一大一小两部分组成。大的部分是体现书名《日本的佛教与神祇信仰》的主要内容，根据岩波书店的新书系列《神佛习合》（原名）译出；小的部分为著者在东京大学公开讲义上的授课内容，后收录在讲谈社选书系列《东大驹场连续讲义：认识日本》（斋藤希史编）中。由于是从他书中采撷过来的独立文章，所以本书的目录中将其作为附文处理了，但实际上从内容可以看出该论文与本书的主体部分是有着很强的连续性的，毋宁说是著者从比较历史学的角度重新审视日本的神祇信仰与佛教的关系，并且放眼世界的研究成果。通过与其他国家地区中的宗教复合现象的对比来突出日本"神佛习合"的特征，从这一意义上而言，把附文看成原书的一章尚不为过。因此在译介《日本的佛教与神祇信仰》之际不惮选择了这样的组合搭配。

前面已经提到，本书的原名为"神佛习合"，在日文中这几乎可说是个惯用词，表示日本原生的神灵信仰与佛教融汇复合的宗教形态。中文译本之所以要另取一名除了上述内容构成上的理由，还有两个原因。一是因为"神佛"一词在中日两种语境中的含义不完全相同，二是“习合”一词虽表记为汉字却属于纯粹的日语词汇，不为中国人所熟悉的缘故。而在本书正文中出现“神佛习合”用语时，通常都在假定读者诸贤对日本文化中所谓的“神佛”含义有了默契的前提下，暂且把它译为“神佛结合思想”。当然，“结合”是否完全能够涵盖“习合”的意思还值得商榷，这里不过是穷极之策而已。

此外更需要加以说明的是“神佛”的概念。这里的“佛”指代佛教信仰，而“神”则很容易让我们联想起日本独特的宗教——神道。可其实，今天人们一般看到的神道已经是融合了很多佛教因素的，也就是说，是本书主要阐述的“神佛结合”的一种结果。显然，这里的“神”不能单纯地解释为神道，而是如很多辞书的解释所示，它表示古代的人们对天地神灵抱有的朴素信仰，简称“神祇信仰”。这种信仰的产生要比作为宗教的神道的形成更加自然，历史更加古老，在本书中著者把它定性为“基层信仰”。

鉴于上述种种原由，为了不偏离著者的本意，故把中文译本书题拟为《日本的佛教与神祇信仰》。

二　日本的基层信仰和普遍宗教

在日本的古代研究领域内，“神佛习合”的概念就好像儒释道三教合一的思想之于中国的传统文化一样重要而为人熟知。因此自古以来从宗教学、民俗学、思想史、美术史等诸多角度有不少独特的研究积累。本书的著者则以一名历史学家的眼光，通过考察宗教现象与同时代的政治、经济、社会、日常生活的有机关联，阐明了日本神佛结合思想的生成及发展历史。论证过程中引用了大量具体的史料自不待言，但倘若要求用最简洁的方式来定义神佛结合，那么著者会告诉你，“神佛结合的现象是普遍宗教与基层信仰相互结合的一种形态”。所谓“普遍宗教”通常指具有普遍抽象的原理、教义等的思维领域，而“基层信仰”则代表了依赖祈愿占卜、信仰奇迹咒术等具有地域性民间性的观念领域。本书的主要观点可以说始终围绕着这两者的关系层层展开的。

简而言之，日本的基层信仰是以日本固有的“八百万神众”为对象的神祇信仰，普遍宗教是6世纪从外面传来的佛教，也是在神佛结合思想形成过程中存在于日本的唯一普遍宗教。这两者在遭遇、碰撞、妥协、结合的过程中伴随着王朝国家的性质变化、社会经济制度的更改、民众生活观念的动荡等复杂繁多的历史印记。著者正是把那些典型的史实，比如神宫寺的建造、密教影响的渗透、冤魂信仰以及凶秽忌避观念的扩大化、本地垂迹理论等的形成作为年代参照系来观察分析，在此基础上把神佛结合思想的形成发展划分为起始点和四个发展阶段。

今天我们如果去参观日本的佛教寺院，往往能在其院内或毗邻的地方看到朱漆绿瓦的神社、神祠，有时候则在大神社的境界内或边上看到佛教寺院。这一现象的历史可追溯到8世纪中期到9世纪中期，那正是日本各地纷纷建造神宫寺，即代表基层信仰的神社和代表佛教的寺院发生正面结合的时期，也是神佛结合思想的起始原点。关于神宫寺的创建缘起，不少文献显示是因为那些被供奉在神社里的神灵托梦要求脱离神身皈依佛法。这固然反映了当时佛教传播的强劲势头，不过本书还着眼于社会经济形式的私有化和律令制国家制度的僵化崩溃，阐明地方豪族和中央权力为什么会支持神宫寺创建的原委。著者认为，神灵们要求脱离神身皈依佛法的神谕其实代表了那些心想脱离神社编制而接受佛教信仰的地方豪族们的愿望。随着地方豪族们对佛教理解的深化，他们开始认识到财产私有的罪过，于是主动协助僧侣在神社（宫）内建设佛教寺院（即神宫寺）以帮助神灵实现成佛的愿望。但是这样一来势必导致朝廷统辖的神社编制的空洞化。本来，律令制国家是通过一种叫“神祇官制度”的祭祀制度来统辖指挥全国的大小神社来参加国家祭祀，以达到收取租税目的的（详见正文）。而地方神社等地方势力一旦无视这种祭祀制度，律令制国家税收就变成无本之木，毫无疑问会带来国家经济基础的动摇。在这种情况下，律令制朝廷一方面为了维护旧有制度而千方百计地调整对策，另一方面又采取妥协的态度，逐渐成为支援创建神宫寺的一股主要力量。

如果说地方豪族和律令制朝廷是神宫寺创建之初的后援力量，那么为这一事业直接奔波活动的就要数那些游方各地的密教僧人了。密教在 7 世纪传入日本，当时还是属于杂密密教。但是密教本身具有的重视秘法修行和重视咒术奇迹的性格决定了密教僧侣必然会成为引导基层信仰中的神灵走近佛法并创建神宫寺的旗手。只是尽管在 8 世纪中期以后，各地陆陆续续出现了神宫寺，但新的问题依然存在。首先对神宫寺本身而言，如何在当时林立全国的大寺院所掌控的佛教界中站稳脚跟是个重要课题。为了维持巩固自己的地位，它就有必要进入那些奉仰大乘佛教的权威大寺院的管辖体系之内，同时必须获取更多的王权庇护。而对于地方豪族和王权贵族而言，怎样消除因财产私有和个人统治带来的罪业意识是内心苦恼的问题，此外国家朝廷还面临着一个如何把背离了“神祇官制度”等律令税收制度的人心重新聚合起来，也就是说如何把社会经济重新掌握起来的重大现实问题。在这种情况下，日本宗教史上的巨擘空海则为各方面带来了解决问题的关键。

9世纪初空海从唐朝带来了大乘密教，并创立高野山金刚峰寺和东寺作为传播真言宗大乘密教的主要根据地。其中东寺还成为镇护王权的护国寺院。真言密教一旦成为朝廷钦定的护国教派，便开始吸收那些寻求王权或大寺院保护的地方神宫寺进入自己的统辖体系。当时就有众多神宫寺纷纷投到大乘密教寺院的保护伞下，成为它们的分寺院。而包括真言宗在内的大乘密教区别于杂密密教之处是它的大乘佛教化。大乘佛教认为，遵守佛祖的教诲为赎罪开悟目的需要苦行苦修的只限于出家了的僧人，至于在家俗人通过施舍财物、供养僧侣便能赎罪获救。也就是说，人们只要心念罪过，坚持对佛僧进行供养施舍，那么无论犯下何种私有或统治的罪过都能得到抵消救赎。对于拥有私产的地方豪族和掌有支配权力的王权贵族来说，最有魅力的理论说教莫过于此了。因为通过对寺院僧人的净财施舍，精神上的苦恼不安自然消解，这些拥有财力、权力的人们便可以心安理得地享受私有和统治了。另外，由于神宫寺实现了依附于大寺院或王权的愿望，实际上也为他们以及地方豪族缓和同律令制国家的关系提供了一种新的思路。那就是，神宫寺的僧侣以及地方上的豪族、新贵们通过地方官署向朝廷交纳一定数量的租税，作为交换，神宫寺获得朝廷的庇护，而私田、私产的所有者则获得私田私产的支配权。更何况神宫寺后来还打出祈祷国家社稷平安繁荣的旗号，地方豪族们也积极接受朝廷对神宫寺建造的干预，无需多言，国家朝廷因神祇官制度崩溃产生的危机感多少得到些安抚了。

正如著者指出的："神宫寺是神祇信仰与佛教结合的出发点，围绕它的出现发生了各种情况变动，有以新的土地私有和人民统治为核心重建起来的新型人际关系、乡村的再建以及生活在那里的人们的愿望等，各种内容交错重叠在一起。"在这过程中始终有密教在人们的精神观念领域起着重大作用，而且在神佛结合的下一个发展阶段其影响依然十分重要。因为进入10世纪后，日本社会上出现了对含怨而死的冤魂畏惧又信仰的风潮。对此，著者认为"对冤魂的信仰也可以看做是以密教为媒介形成的神佛结合的一种表现"。

在任何时代、任何国家的政治斗争中都会有失败身亡的牺牲者。奈良末期平安初期以后的日本出现了名为"御灵会"的民间祭祀活动，那是社会底层的广大民众为镇抚在王权斗争中冤死的亡灵自发举办的佛教法会。在"御灵会"上，除了僧侣在灵前诵经说法，到场的大众还举行歌舞、骑射、相扑等各种娱乐活动。因此史家们往往认为该祭祀活动具有镇魂和让民众宣泄对王权的不满情绪的双重功能，而其中把两者结合起来而起到导演作用的又是密教僧侣。"御灵会"的社会背景中除了那些死难者的遗族们，还有在国家制度的修正过程中日趋没落的部分贵族，以及在地方上没能及时构筑起私营田产的旧豪族。是这些人积极响应密教僧人的鼓动，为制造出冤魂的复仇气氛呐喊助威，实际上是他们将亡灵的怨恨同自己对王权统治的不满情绪联系起来而已。这使得冤魂信仰逐渐带上了政治运动的色彩。

903年在流放地郁愤而死的菅原道真[①]是日本历史上最大的冤魂。他的复仇行为表现为把曾经陷害过自己的对象(包括天皇和大臣)逐一置于死地。一时间引起朝廷上下恐慌的道真冤魂活动显示出鲜明的反王权性格。从宗教意义上看,它同时又是代表神佛结合的一个典型事例。比如在象征王权的京城内作祟时,道真之灵自称得到密教的"梵天、帝释天"以及日本神祇的庇护将所向无敌。另外在一些由地方武士掀起的武装叛乱中,菅原道真的冤魂也往往被搬出来加以利用,目的当然是为了控诉现行王权的无道而体现反叛的正当性。耐人寻味的是这种场合中和道真冤魂同台演出的还有传说为天皇祖先化身的"八幡神",一称"八幡大菩萨",这是已经实现了神佛结合的神灵。同样,后来被人们供奉为"天满天神"的道真冤魂本身也是神佛结合的代表。因为在对该天神的信仰形成中,密教的理论以及密教僧侣的活动贯穿始终。尽管到后来,用密教武装起来的天神信仰也好"御灵会"也好,都被成长起来的王朝国家逐渐削除了反王权性格的一面,或成为王权的守护神,或成为王权统治的装饰品,但其表现神佛结合的特性却不曾改变。

这样,神佛结合思想经过冤魂信仰象征的第二发展阶段后,进入了由凶秽忌避观念和净土信仰为明显标志的第三阶段。所谓凶秽忌避主要是指人们在不小心接触了人以及六畜的生死场面就必

---

① 平安时代前期的贵族文人,生殁时为845—903年。曾在宇多天皇朝廷历任各种要职,894年被任命为遣唐使,但因本人上书,平安朝廷由此废止了遣唐使。后受谗言左迁,郁郁致死。

须躲在自己家里闭门不出而实行斋戒的观念。这里的净土信仰则是指经过了日本式改造的阿弥陀净土信仰。

本来,在包括中国在内的古典世界里,回避生死秽污的想法应该说是比较普遍的。尤其对于司掌祭祀的人,他们举行祭祀的时候,要求洁净的规定更加严格。在日本,人们对清净无秽状态的追求理由可以从讲述王权祖先神话最为完整的《古事记》中窥见一斑。概言之,主要是因为以天照大神为首的统帅日本全土的八百万神众都居住在无上清净的"高天原世界",而统治下界国土的天皇是天照大神的直系后代,所以围绕天皇展开的王权政治空间必须时刻保持洁净,而在神灵祭祀活动中更不必说了。

把凶秽完全排除出王权世界和祭神仪式的观念在律令制国家时期诞生后,从 9 世纪到 10 世纪呈现了膨胀的趋势。不仅其影响范围超出王权的政治活动直到覆盖了贵族们的日常生活,而且在不同时期制定的国家法律中对忌避凶秽的要求、做法都有了明确细致的条文规定。为什么凶秽忌避的观念会无限膨胀甚至向着极致发展? 本书著者认为,这里包含着律令制国家在吸收外来文化时的一种姿态。即从中国引进了儒教、佛教等先进文化,又努力地模仿这些文明思想来提高自身传统的文化价值观,从而把自己建设成可与中国比肩的文明国家。众所周知,儒教和佛教都是具有两极对立的价值体系。比如佛教所谓的"罪"和"悟",儒教中的礼乐纲常和毁纪乱纲的行为,都建立在善恶两极对立的基础之上。律令制国家在吸收了这种文明思想的结构之后,把传统价值观中的"净"和"秽"的概念也和善恶或正负的两极对应联系起来,并对它们实行了极端的对立。

在这种价值观的提升过程中，其实还隐藏着神祇信仰与佛教的力量颉颃。前面已经讲到，国家逐渐成功地把密教吸收为守护王权的大法，但是，此外国家还感到还有必要把日本固有的神祇祭祀和神祇信仰进一步圣洁化、神圣化，以显示不亚于佛教的价值地位。其结果便引出了凶秽忌避观念的膨胀，使佛教与神祇信仰的关系保持在对等的、和平共处的状态。这可以说是神佛结合思想发展中的一个新方面，在此基础上成长起来的正是日本式的阿弥陀净土信仰。所谓日本式，主要体现在这种净土信仰把佛教中原本隐藏在“悟”与“罪”背后的“净秽观”突出到最前面的位置，十分强调信徒要“厌离秽土（现世）”，“欣求净土（来世）”。因此在凶秽忌避观念盛行的贵族阶层中涌现了一大批希求往生极乐净土的人们。对此，本书中引用部分文学作品作了生动的介绍。

时代到了平安末期镰仓初期，神佛结合思想进入了第四个发展阶段，也是它的最终阶段。当时，神祇信仰和佛教一边以各自的本来面貌共存，一边又出现了佛教对整个神祇世界实行包容、吸收和整合的动向。最能显示这一动向的精彩例子可举出本地垂迹理论的流行和中世日本纪的形成。

“本地垂迹”是指佛教中的菩萨、诸天化为神灵在日本各地垂迹显形的意思，反过来可理解为日本所有的神灵都是佛菩萨的化身。这种教义源自于佛教阵营对神祇信仰的吸收、拉拢自不待言，不过需要注意的是它与早期的神灵要求脱离神身皈依佛法以及创建神宫寺的现象是由地下水脉相连着的。可以说神灵的成佛愿望为本地垂迹理论的产生安排好了布景。所以，一旦佛教在日本社会获得了强大的势力，它便会以居高临下的姿态用自己的逻辑理论来为各地固有的神灵定性、定位。事实上，从平安末期开始到14世纪初的镰仓末期，本地垂迹的信仰几乎遍及了整个日本。这也呼应了日本中世佛教盛行的时代特征。

而依据本地垂迹理论来重新诠释《古事记》《日本书纪》的王权神话（即记纪神话）和神祇信仰的文字记录则统称为“中世日本纪”。本来，记纪神话是赋予日本的固有神祇最高权威的主要依据。尤其是居于伊势信仰中心的天照大神被奉为天皇的祖先神，统帅着日本所有的神灵。但是，在阿弥陀净土信仰渗透之后，佛教的神佛不但担负起守护王权的任务，而且还成了帝王贵族们的精神支柱，这样一来必然导致至高至尊的王权神的地位下降。像这样的势力升降变动在日本各地主要神社编撰的神社起源或神道理论中反映得尤为淋漓尽致。比如把日本肇国之始的国土形成看成大日如来的灵气所致，还把统治日本天地八方的最高神天照大神看成是大日如来的垂迹，把伊势神宫的内、外宫布局比作密教中的金刚、胎藏两界等等。很显然，中世日本纪的出现再次证明了佛教占据优势的状况。

不过，除了佛教的主动出击之外，导致这种时代变化的根本原因还在于在中世社会的形成过程中社会各阶层与国家权力之间的矛盾上面。这是本书的重要指出。尤其是动辄以武力来解决问题的武士势力的抬头，带来了大量的杀生现象，动摇了忌避杀生、凶秽的王朝价值观。王权被迫进一步摆脱凶秽忌避观念的束缚，加强与寺院神社势力的联合，把佛法当成王法的精神支柱来大肆宣扬，并明确了各地神灵皆是本地佛垂迹的新型神祇信仰。至此，日本的神佛结合思想可以说发展到了顶峰。

上面我们对日本的普遍宗教和基层信仰在漫长的历史中的相对关系作了一个粗线条的描画，它们时而交叉纠缠，时而并行发展，最终走上一条既各自独立又相互结合的共存道路。如果还需要用一句话来概括两者关系的特征，那么不妨引用书中的原话，它就是一种"由佛教与神祇信仰通过竞争共存的关系形成的开放型的结合体系"。

三　世界的普遍宗教与基层信仰

在通过调查史料考察日本的神祇信仰和佛教的关系之余，本书著者还把眼光投向了日本以外国家地区的宗教复合现象。除了《神佛习合》原书中为了凸现日本神佛结合思想的特征对欧洲及亚洲其他国家的宗教情况略有涉及之外，在《异文化体验中的发现》一文中主要把焦点对准了欧洲（尤其是北欧）和中国，根据著者亲身经历的实地调查，对两地的宗教复合情况作了分析介绍之后，再对照日本的神佛结合思想的独特性，尝试着把握普遍宗教与基层信仰之间发生关系的一般规律。

针对欧洲的宗教复合情况，文中主要考察了分布在北欧地区以及不列颠群岛的日耳曼·凯尔特信仰与基督教的关系。在基督教进入欧洲各地区之前，当地其实已经存在着独自牢固的基层信仰。于是当9世纪以降基督教传教士开始加大传道力度时，这些抱有基层信仰的民族或多或少都做过反抗。其间，他们的原生信仰文化有的被破坏遗弃，有的被基督教文化同化吸收。最后的胜利无疑属于征服了这些欧洲基层信仰的基督教。而欧洲各民族之所以能容忍基督教覆盖住本民族原有的基层信仰(尽管在地下它们还暗暗延展着各自的根系),这是由于受历史地理环境的强大制约的缘故。高纬度地区严酷的气候、自然环境以及自古以来屡屡迸发的异族纷争促使在欧洲生活的人们对安定的一体感产生强烈的需求,而基督教作为一神教的强韧性格正好能为他们的这种一体感提供保证。加之他们在与异族、外来者的抗争过程中克服不同的民族性和价值观,摸索出一条与异文化和谐共存的道路。因此,基督教才能相对严密地整合了欧洲的各种基层信仰。

相比之下,中国的宗教复合情况显得更为纷繁复杂。因为在佛教从印度传来之前,中国已经有了体系完整的儒教和道教。佛教作为外来的普遍宗教,不光要解决与基层信仰的关系,还面临着与当地既存的普遍宗教争一日之长的严峻课题。在素有佛教圣地之称并有多种宗教派系并存的五台山,著者发现了中国独特的宗教复合现象。那就是佛、儒、道三教的神佛以及地方的土著神灵以某种特定的组合搭配方式共享一个祭祀空间。其中,佛教吸收基层信仰的操作过程可以说与日本的"本地垂迹"有十分相似之处,而普遍宗教之间,尽管也彼此吸收他者为我所用,却往往反映出厚此薄彼的等级意识,在神位序列中把外来的佛教神作为规格低于自己的存在来对待。这自然也是由中国特有的地理、文明史所决定形成的。

世界上千姿万态的地域风土带来了宗教复合的多样性,不过著者也不忘指出普遍宗教在融合各地基层信仰的过程中依然是有共性可循的。比如基督教在欧洲跟佛教在中国,都是在跟其他普遍宗教保持一种紧张关系中实现对基层信仰的统合的;而佛教在日本同基督教在日耳曼·凯尔特民族中一样，其作为普遍宗教的影响，都是自上而下，即从王公贵族阶层向社会底层民众逐渐渗透的。

像这样，通过横向联系的平行比较来求证不同个体之间的异同固然非常重要，这也是本书令人刮目的一个长处。但是由此便过分地强调一地文化的独特性，忽视不同地域在宗教复合史上的影响关系则不得不说是著者在论及日本的神祇信仰和佛教关系中的缺憾。比如，在日本神佛信仰结合的最初阶段，各地神灵纷纷要求脱离神身皈依佛法。为什么会出现这种现象？著者着眼于当时的社会发展状况，认为神灵的愿望其实代表了统治地方社会的豪族们的愿望，脱离神身的运动或许是地方豪族们的一手策划。但事实上这里恰恰反映了中国的神佛结合思想对日本的影响。《梁高僧传》等文献中的“安世高传”足以为证。记载中讲安世高曾经路过庐山䢼亭湖庙，碰到供奉在该庙的䢼亭湖神求告。湖神说自己“以嗔恚故堕此神报”，希望高僧安世高“为我立塔，营法使生善处”。等到佛法济度之后，发现䢼亭湖神原来是一条大蟒蛇。其实日本有关神佛的不少传说中也流传着神社之神的原形是蛇或猿猴等说法。两相对照不难看出，奈良时代（710—794）日本各地的神灵要求脱离神身皈依佛教的现象显然是受了《梁高僧传》等佛教典籍内容启发的。关于这一点，最近已经有研究者注目，并在论文中从多个角度考证了在神佛结合思想形成中日本对中国文化的接受情况，正好弥补了本书的不足。反过来，本书对中国的宗教复合情况把握得过于简略也可以看成是日本神佛结合思想研究的阶段局限性。

四　比较历史学的意义

在日本的学术界，对于专门研究有关日本的学术领域，人们习惯冠之以“国”字来称呼，比如国语（日本语）、国史（日本史）、国文学（日本文学）等等。这里当然包含了日本研究者对本国文化的感情和一种自负，本无可厚非。但有时这种国家意识的强调难免会限制学问视野，造成学术研究上的闭关自守。事实上日本国内对这种拘泥于“国”字的研究姿态也不无批判意见，有人把称之为“章鱼罐学问”（捕捉章鱼主要用陶罐，章鱼一旦被请入瓮中只会一个劲儿往里挤，很难退出来。因此章鱼罐被用来比喻只注重专业化、纵深化而拒绝向外延展扩散的学问，类似于我国说的钻牛角尖）。

本来，本书著者的研究领域正如书中略有提及，属于不折不扣的“国史”范围。然而可贵的是著者打破了他的“章鱼罐”，以自己的研究实践向我们展示了一种可称作比较历史学的研究方法。著者认为，通过这种“走出去”的比较研究再来反观日本，能为重新考察日本提供新的视角，发现一些原先意识不到的社会文化断面。这一见解对于我们读者，尤其是从事任何一种研究的读者而言也是极具启发意义的。

关于日本的神祇信仰和佛教，在日本国内不乏厚重艰深的专著专论。有不少由于论述太过专业，往往在阅读中途便挫败了一般读者的求知欲。而本书的原著是以新书（普及读物）形式出版的，注重的是知识性和可读性。因此，书中除了介绍日本神佛结合思想的历史概况，还恰到好处地引用了不少能让读者了解古代日本——比如有关律令制度、密教的传播、灵魂信仰、凶秽忌避观念等的文献资料。从获取知识、了解日本学者怎样剖析本国历史的角度来看，至少给译者的感受是读完一册大受裨益。当然这也跟著者深入浅出的行文技巧是分不开的。所以在中文版刊行之际，其实译者最想说的是：但愿稚拙的译笔不会妨碍您跟一本好书的邂逅。

陆晚霞

2006 年 8 月 18 日

序　巫女的神谕

——是谁给平将门授予了皇位

巫女的神谕和新皇将门

10 世纪中叶的承平五年(935),日本关东地区的某一部分发生了战乱。平将门[①](? —940)与其伯父平国香(当时为常陆国守三等官)交战,并杀了后者。之后,平将门于 938 年(天庆元年)伙同武藏国足立郡司武藏武芝以及常陆国的新兴领主藤原玄明攻打武藏国府和常陆国府,公然打起反旗来对抗王权。这就是人们通常说的“平将门之乱”。以军事力量控制了关东各国的平将门接着于次年 939 年 12 月进驻上野国府,准备举行新皇即位仪式。对于这段经过,文学作品《将门记》中有如下描述[②]。

---

① 平安中期的武将。系出桓武天皇的子孙平氏家族。“将门之乱”最初为平将门与其同族间的矛盾纷争,后来发展成与朝廷敌对的叛乱。《将门记》详细描写了整个叛乱的经过。——译者(本书页下注均为译者注,余不一一注明)

② 本书引用的史料原文大都为日式汉文,佶屈难解。但著者已经用现代日文加以改写。故中文译文在适当参看史料原文基础上,主要遵照改写后的内容译成。下同。

> （将门）占领国府入得官厅，紧固四门之阵，且发出诸领国任官命令。其时有一巫女，自称八幡大菩萨使者，曰菩萨欲传授皇位于荫子平将门。其传位诏书由左大臣正二位菅原朝臣之灵书写，上曰：朕八幡大菩萨，起八万之军，今欲授朕位。须以卅二相音乐，早来奉迎。
>
> 于此，将门顶礼再拜。况四阵一举欢声，伏拜数千次。……于是，将门上奏自制谥号，立为新皇。

这里说的是，平将门占领上野国府后，加强东南西北四门的警备，任命了国府的大小官员。这时，有个神灵附体的巫女自称是八幡大菩萨的使者，降下一道神谕。神谕说，我将皇位授予荫子将门。授予文书由菅原道真的亡灵书写。八幡大菩萨率领八万军队，授将门以位。故而等需奏三十二相音乐迎接。于是，将门恭敬拜受，守护国府官厅四方的警卫军齐声欢呼跪拜。……将门亲自制定称号，自立为新皇。该文献中所用的“朕”是指八幡大菩萨（即应神天皇），荫子即指其子孙。

《将门记》中记载的这个即位场面，对于考察神佛结合的问题而言，是一则饶有趣味的文献。因为这场“新皇”即位仪式不仅破天荒地由巫女充当了导演，而且为了突出即位的正当性，居然还搬动八幡大菩萨和菅原道真来扮演了角色。

八幡大菩萨原本是北九州宇佐地区的地方信仰神灵，在奈良时代被尊奉为以武力守护国家免遭外敌侵略的武神，到平安时代初期的9世纪中叶，则作为王城的守护神被奉请到石清水神宫。

后来至10世纪初该神逐渐被当作应神天皇等三神①的象征来膜拜。不过，在此我们要注意的是它的菩萨称号。菩萨最早是指开悟得道之前的释迦牟尼，后来在大乘佛教中专指那些为悟道而修行的人。因此也就是说，八幡大菩萨是具有菩萨相貌的八幡神。它作为一名祈愿成佛的神灵可以说是神佛结合的一个典型例子。

另外还需要注意的一点是，八幡神的这一行为通过由菅原道真②的亡灵书写授位文书获得了正当性。菅原道真在该即位仪式举行的三十六年之前病殁于大宰府，人们相信他已转生为帝释天的弟子观自在天神。帝释天是密教的最高佛祖大日如来的化身，属于破坏之神。是古代天地神祇信仰中的神灵以佛教神的方式再生显形的。

不仅如此，这些神佛结合的众神举行仪式时演奏的三十二相音乐，其实也是将佛身具有的三十二好相写成七言经文，加上雅乐伴奏而成的。也就是说，音乐本身是典型的佛教音乐，但它为之烘托气氛的仪式本身的策划者却是自称八幡大菩萨弟子的巫女，显然是供奉天地神的祭祀者。

在10世纪中期的东日本一隅，叛将平将门举行即位仪式时，

---

① 八幡神信仰最初起始于丰前国宇佐地方（今大分县），是在当地的土地神信仰上融汇了神道、佛教、道教等的影响后形成的。到8世纪初期以后，应神天皇、神功皇后以及仁德天皇被赋予了神格，成为八幡信仰中膜拜的对象。

② 平安时代前期的学者、政治家（845—903）。家学渊源，世代历任朝廷的文学博士、式部少辅等文官。道真本人深受宇多天皇器重，一度被任命为遣唐大使（因故未能成行），最高官位升至右大臣。但及至醍醐天皇即位后，因贵族藤原氏进奏谗言，道真遭到罢黜左迁，郁郁致死。此后由于朝廷和藤原氏连遭不测，世人传闻为道真冤魂所为。后朝廷为之平冤昭雪并追赠封谥，民间尊奉其为天满天神。

为了让自己的即位正当化采取的宗教仪式中出现了将日本古来的天地神信仰和外来佛教合二为一的新型神佛，还有导演了这出仪式的巫女及其神谕等等，因此不妨说这一仪式是天地神祭祀和佛教祭祀活动的组合搭配。

本书的课题

神佛结合正是像这样由神祇信仰与佛教复杂交织形成的一种独特的复合信仰。它不仅担负起了当时人们的信仰依托，还积极渗透到经济、社会、日常生活中，甚至如上所示，还能成为政治行动的精神支柱。

可以说，神佛结合是日本独特的宗教结构，它作为解开日本宗教和文化特质的关键，自古以来在宗教学、宗教史、民俗学的各领域内备受考察研究。但是，这些研究无一例外地缺乏在历史整体范围内进行考察的姿态，即它们很少考察神佛结合与它产生发展时期的社会、经济、政治、日常生活等有着什么关系。而在历史学领域，自二十几年前以来在上述的问题意识之下，注重神佛结合的具体形态及其历史意义的研究层出不穷。而这一类研究则往往停留在把神佛结合看成是政治、经济、社会的反映，至于进一步深入考察这种现象在当时的社会环境中究竟有何独特意义的研究，只能说为数极少。

作为一名历史学研究者，我对如上的神佛结合的研究状况很早就抱有怀疑和不满。因为宗教按理说是最能集中表现文化整体特质的载体，通过这条渠道我们最能够生动有效地把握它与社会结构的有机关系。我的愿望是，在考察宗教与政治、经济、社会、日常生活的有机关联的基础之上，阐明体现日本宗教特质的神佛结合现象之所以生成及发展的历史，并希望由此打开一条道路来阐明它与整个文化以及社会结构的有机关联。因此，我撰写本书并不是为了单纯写神佛结合的历史。而是想尝试着通过眺望神佛结合的历史，并有机地联系社会结构，从而对日本人精神世界的曲折历程作一个描述。

我以为该项工作在思考现代日本宗教意识上面也是必不可少的。人们经常认为现代的日本是无宗教的社会，或者认为现在是新兴宗教时代。无论佛教还是神道，只作为人们在婚丧嫁娶仪式中的道具而并没深入关涉到大多数日本人的内心问题，从这个意义上讲，可以说是无宗教。而另一方面，二战以后尤其在最近几年如雨后春笋般纷纷出现的新兴宗教虽说并没能形成组织起多数国民的宗教团体，但它们对各年代人群中的不满现状者具有吸引力却也属实。现代日本社会如何会产生这样的宗教现象？想要回答这个问题，首先必须具有一部从广阔的视野，即随时结合社会背景论证日本宗教的通史。从这一意义上讲，追究曾漫长地支配了日本历史的神佛结合问题，探索它的起源以及发生、发展的过程，在某个方面是有助于思考现代宗教情况的。

神佛结合的现象是普遍宗教与基层信仰相互结合的一种形态。日本的神佛结合究竟有着什么样的真实面貌？让我们揭开历史舞台的帷幕来看一看。

第一章　渴望成佛的诸神

1　伊势·多度大神的求告

归依佛教的愿望

伊势国(今三重县)桑名郡的养老山南端有一座山叫多度山。多度山的山神,又称多度大神,自古以来作为保佑五谷丰登的神灵一直是伊势以及美浓(今岐阜县)、尾张(今爱知县)等地人们信仰的对象。然而到了奈良时代后期的763年(天平宝字七年),多度大神居然通过附体人身,降了如下一道神谕(见于《伊势国桑名郡多度神宫寺伽蓝缘起并资财帐》。788年〈延历七年〉成书。下面略称为《多度神宫寺资财帐》)

> 吾为多度之神也。吾历经久劫作深重罪业,故受神道之报。今冀永离神身,欲归三宝。

这位神的求告到底意味着什么呢?让我们来解读一下。它是说,多度山神长期管理这块地方,结果偏离了神道的主旨犯下重罪,遭受神道报应,受苦赎罪。如今祈愿脱离这苦海,为此须永远削除神灵的身份,一心皈依佛教。

在这数年前，常陆国鹿岛神宫的鹿岛大神发过同样的誓愿。时代往下推移到8世纪末，山城国（今京都南部）贺茂神社的贺茂大神也曾求诉于“神户百姓”（神户是指维持神社经营的民户），言称欲归依佛道。到9世纪初，若狭国（今福井县）的若狭大神也向祭祀它的当地豪族降过一道神谕，说是因受神身，苦恼深重，故愿脱离神道皈依佛法。综观上述文献可以看到，自8世纪后半期到9世纪前半期，日本全国各地历来为人们所信奉的地方神灵纷纷诉说做神的苦恼，为了脱离苦境而要求脱离神籍（即神身脱离）皈依佛教。

积极听取众神愿望的佛教

佛教一方则准确地把握住了这一动向，通过在民众间游说的僧侣积极推动众神倒向佛教的阵营。由此开始了游方僧人济度众神依靠归依佛教的运动。

比如伊势国的多度大神，当时正好有个叫满愿的禅师在附近的井于道场建造阿弥陀佛宣传佛教。当他听说大神的神谕之后立即把大神镇守的多度山南端开采成平地，在那里建起一座小庙，并塑造了大神为成佛而努力修行的形象——菩萨像安置其中。这便是多度神宫寺的起源。这个满愿禅师数年前还听取了常陆国鹿岛大神的誓愿，为它也建造了神宫寺。另外根据《筥根山缘起》记载，箱根三处权现[①]的寺院也是满愿（亦称“万卷”，按日语读法两者同

① 筥根即箱根。箱根三处权现指隶属箱根神社的三尊神灵：琼琼杵尊、木花开耶姬尊、彦火火出见尊。权现即指神身。

音)所建。满愿可以说是这方面的开路先锋,他在全国各地巡视,把那些走投无路的神灵引入佛教的世界。

引导贺茂神社的贺茂大神向佛的僧侣是谁已无从考证,不过,俗称冈本堂的贺茂神宫寺的确是经由某位僧人之手建造起来的。还有在若狭国,原本供奉若狭彦大神的豪族自己出家为僧,在深山中长年修行,建造了大神的菩萨像并为安置该像的佛堂取名为神愿寺,取意以此满足大神皈依佛法的愿望。

时代稍稍下降至9世纪中期,贞观年间(859—876)元兴寺的游方和尚贤和途经近江国奥津岛时建造了庙宇。他是在梦中得到奥津岛大神的告喻,希望他拯救未能完全脱离世俗枷锁的神身。贤和遵照神谕建造神宫寺,帮助大神实现佑护属下村庄社稷的愿望。

由此看来,神宫寺是众神灵借以实现皈依佛教得道成佛愿望的场所。其最早的发端是由游方僧人建造起来用于安置神像的庙宇堂舍,后来成为神宫寺的主要组成部分。

地方豪族阶层的愿望

自从神灵发出渴望成佛的求告,到开始建造神宫寺,这一系列动向背后究竟有什么东西在起作用呢?《多度神宫寺资财帐》中紧接着多度大神的求告文有如下一段内容。

> 于此有满愿禅师,伐林清扫大神镇坐山峰之南麓,造立小堂一间神像一座,号称多度大菩萨。其次由本郡主帐外从七位下(官名)水取月足(人名)施舍铜钟一口,并建钟台一座。

其次由美浓国近士县主新麻吕（人名）奉造三重宝塔。

在满愿和尚雕刻了多度大神的菩萨像冠之以多度大菩萨号，并建小庙安置后不久，伊势国桑名郡的下等官吏（主帐即郡司的书记官），但在当地堪称豪族之一的水取月足感佩多度大菩萨的诞生，有心资助尚为小庙的神宫寺建设，他铸造了一口铜钟并建钟楼施舍给寺院。接着，在美浓国一直统治多度山周边一带的豪族近士县主新麻吕也着手建造三重塔。

自从和尚满愿听取大神的告喻，并按神意将大神菩萨化，建造小庙之后，紧跟着出现了一系列动向。这一点应该引起我们足够的注意。多度大神是佑护伊势国桑名郡以及与之相邻的美浓、尾张两国的跨地域神灵。如果我们能意识到桑名郡司水取月足以及美浓近士县主等是这些地方的实际统治者，那么多度大神的愿望其实就是这些地方豪族们的愿望，再进一步假设，多度大神降下的神谕本身极有可能就是这些地方豪族谋划制造的。

比如常陆国鹿岛大神的神宫寺，是由鹿岛郡大领（大领指郡司中的长官）中臣千德拉拢鹿岛神宫司中臣鹿岛连大宗一起鼓动满愿开创的。若狭国若狭彦大神的神宫寺则是由祭祀它的地方豪族和赤麻吕听取神意亲自遁入佛门之后建造的，命名为神愿寺。因此该神宫寺的神主同时也是该大神的共同信仰地区的实质性统治者，正是他们把自己的愿望假托到神灵身上而已。

地方的豪族阶层中为何会出现这样的动向将在第 3 节中详细考察，此前先让我们来确认一下神宫寺的成立过程。

2 神宫寺的成立过程

神宫寺的成立与王权的参与

神宫寺是如何逐渐发展成正规寺院的呢?《多度神宫寺资财帐》向我们十分详尽地展示了这一过程。

> 其次于宝龟十一年(780)十一月十三日,朝廷遣使四人令其得度。其次大僧都贤璟大德起造三重塔毕。其次,天应元年(781)12月,始由私度沙弥法教,引导伊势、美浓、尾张、志摩等四国之道俗信徒,建造法堂并僧房、大众沐浴堂。时至今日,远近修行者等皆为供养法事及寺内资财,以备修善业。

前面已经讲述,763年(天平宝字七年)建成了多度大菩萨像以及安放它的小庙宇,此时神宫寺的核心部分已经形成。此后紧接着有附近各地豪族奉献铜钟及钟楼,或者施舍建造宝塔等等。但是,事实上到780年(宝龟十一年)的17年间光靠豪族势力并没能完善哪怕一座神宫寺迦蓝,三重塔的建造也在动工之后半途而废了。不过这期间,为了建设神宫寺,豪族阶层的专属僧侣则是得到了充分保证,他们是没经过朝廷许可而私自出家的私度僧。

然而,如果想要得到更广泛的支持以便把神宫寺的规格提高到正规寺院的地步,首先必须把私度僧变为朝廷公认的僧侣。780年,朝廷遣使令四名私度僧得度正是由于神宫寺方面提出了如上的要求。另外朝廷之所以会积极配合这些要求,也无非出于重新控制地方豪族人心的考虑，因为这些地方豪族正企图脱离神道以及神祇官编制体系转而倾向于佛教。在地方豪族看来，朝廷的认同和参与正意味着他们脱离神祇信仰归依佛教的行为获得了公认，这对促使其管辖下的民众以及周边地区为建设神宫寺出钱出力而言是十分有利的。

总之，一旦等到朝廷批准得度，原本活跃在京城中央的高僧都贤璟大德立即造访当地，着手接管美浓国近士县主新麻吕开工后又放弃建造的三重塔修建工事，并很快地竣工。可以说通过得度这一个楔子，王权协助完成了神宫寺的建造。这样，多度神宫寺的基干部分就形成了，总体上由僧侣四名、大殿（用于安置大菩萨像）、钟楼、三重塔组成。

借助王权之手完成多度神宫基干部分的建设，这给水取月足、近士县主新麻吕等促进多度大神菩萨化、神宫寺化的当地豪族带来了很大的期望。多度大神所抱有的苦恼其实在邻近诸国如伊势、美浓、尾张、志摩（今三重县东部）等地的神灵以及作为统治阶层的豪族中间同样存在，因此只要取得了他们的支持，剩下的神宫寺各部分的建成就指日可待了。于是，在朝廷参与得度的第二年，即 781 年（天应元年）开始，受地方豪族委托的私度僧法教在伊势、美浓、尾张、志摩等地辗转游走，宣扬已成菩萨的多度大神的功德并呼吁人们向它皈依。他成功地说动了这些地区中以豪族为主的善男信女前往参拜多度神宫寺。这些人之所以会积极跟随法教来到多度，主要是因为他们相信这样才能克服他们自身对神祇信仰的动摇心理。在他们的齐心协力之下，同一年神宫寺的法堂、僧房、大众沐浴堂建成，各种法具、经卷书籍也筹备齐全，多度神宫寺终于全部完成。

法教于788年(延历七年)制作了《多度神宫寺资财帐》(资财帐是记载寺院财产目录的文书,主要部分包括当时已经建造起来的房舍、佛像、佛画、密教经典、法具、乐器以及领有田地的记录。本书上面引述的是该记录的前言)提交给伊势国衙,这表明寺院的经营已经上了轨道。该《资财帐》在同一年由伊势国衙递交到伊势、尾张两国的国师(管辖领国内僧尼活动的官职)手中接受检查,然后再由中央政府设置的僧纲(统辖僧尼的最高中央机关。由僧正、僧都、律师组成)进行批准。制作资财帐是跻身为国家公认寺院时所必需的一道手续,资财帐一旦被受理,就意味着该神宫寺已经向正规寺院级别迈出了第一步。

关于神宫寺成立的过程,上面引述的多度神宫寺的例子恐怕最能说明问题了。但是,并非所有的神宫寺建设都这么顺利。像山城国贺茂神社的神宫寺,一般可以推断它大约花了十几年工夫才正式建立起来;而若狭国若狭彦大神的神宫寺也是花费不少岁月才形成的。另外像近江国(今滋贺县)蒲生郡的奥津岛大神也一样,在请元兴寺僧贤和来建造神宫寺之前,应该说是有过一段相当长历史的。

从上面我们看到,最初是地方神灵要求脱离神身,直到后来正规的寺院伽蓝出现,这是神宫寺从无到有所经历的创立道路。这条道路同时也是一部分先进的地方豪族为了解决神祇信仰的苦恼而依靠佛教来打开局面的过程,在这过程中他们一边要获取王权即朝廷方面的支持,一边又要拉拢周边地区供奉这些神灵的豪族及下属,因此需要有相应的时间来准备。

对神宫寺的期待

那么，在基本上成形了的神宫寺内，面对已经皈依了佛法的神灵，人们究竟祈求些什么呢？让我们来看一下《多度神宫寺资财帐》中法教是怎么说的（以下为附载于同文书末尾的许愿文）。

> 伏愿。私度沙弥法教并道俗男女等，顷年之间，构筑法堂、僧房、大众沐浴堂，修种种功德，敬献多度大神。望令一切众神增益威光，永隆佛教。风雨和顺，五谷丰稔。速断业网，同致菩提。次愿。圣朝文武擎浩瀚之善，动乾坤之誓，报朝廷平安千岁，君王长临万代。次愿。远近有缘善人，同感四恩，共觉尘笼，眼前法侣，同蒙利益。究会于界外轮际之有顶，早离阎浮俱奉极乐。

这些文字着力想说明的第一点是，人们只要齐心协力为多度大神积累功德，多度大神就会令众神恢复威光，令佛教兴隆昌盛，保佑天地间风调雨顺、五谷丰登、人畜兴旺。并且还教人们脱离苦恼到达佛教的至高境界。法教在四领国（伊势、美浓、尾张、志摩）传道的目的就是为了挽救像多度大神一样陷入信仰困境的众多神灵，帮助他们恢复作为神灵的威光，让他们与多度大神结缘，从而皈依佛法，成为追随多度大菩萨的神灵。其结果就是保证各神灵统治地区五谷丰登，百姓安居乐业。换言之，就是旨在解除各地豪族及其属下人们的现实苦恼，给他们带来繁荣富足的生活。

第二点是对朝廷的期待。文字中用了很多的修辞，意思归根到底还是希望朝廷给予更强有力的支援，并说明如果愿望实现，朝廷社稷定能太平，天皇皇位永保。朝廷让四名僧侣得度，并指派大僧都贤璟督促三重塔完工，这些活动对神宫寺伽蓝的建成起到了决定性的作用。如此看来，上述许愿文中包含有对朝廷的期待是极其自然的。

最后法教许下的心愿是，希望聚集到多度神宫寺来的善男信女把佛法功德传播到各地民众当中去，让所有的人同登极乐。法教的确促成了四领国中被称作"道俗知识"的众多佛教信徒与多度大菩萨功德的结缘。但是人们抱有的苦恼并不仅仅是上述部分地区的问题，毋宁说是日本全国性的问题。法教在四个领国宣教时体会到了这一点。正是如此，他才祈愿让其他更多地方的人们与多度大菩萨结缘，沐浴其功德。

其他地方神宫寺的创立情况虽然不如多度神宫寺那样有据可查，但其过程大概也差不多。相传若狭国为若狭彦大神建造神愿寺后，庄稼丰收，人们不再受饥馑之苦。近江国蒲生郡奥津岛大神的神宫寺在建造时，神灵亲自立愿，明言护佑乡村、镇守国家。在这种情况下，如果添加进普救周边地区受苦的众神以及神灵信奉者的祈愿内容，也不足为怪。

总而言之，人们通过建造神宫寺，目的是想让自己所处的社会以及其他地区都能够脱离神灵的单一支配，消除生活中的种种苦恼，并希望依靠佛教的力量带来新的繁荣。同时他们又对朝廷的理解和帮助表示感谢，这反映在神宫寺将保证朝廷安泰的想法上。

神宫寺进入大寺院的编制

上升为正规寺院的多度神宫寺凭借已经获得公认的资财帐，必然要谋求更大的发展。上面我们讲到，该寺院成功地把伊势、美浓、尾张、志摩等四领国的豪族阶层变成了自己的经济保护人，这其中有出家人也有在家信徒。然而，这种关系在大寺院积极抢占信徒和领地的9世纪的平安朝初期是十分不稳定的。在一定条件下，神宫寺甚至有可能被大寺院所吞并，丧失自己的存在基础。

在这种情况下，多度神宫寺若要确凿地守住创立成果并图谋发展，就有必要向担任镇守社稷任务的延历寺·东寺等大寺院靠拢，通过契约成为大寺院附属的别院。事实上，不少神宫寺到9世纪中期已经纷纷变成了一些具有国家规模的大寺院，如延历寺、东寺、石清水八幡宫寺、兴福寺的别院或分寺院。这当中关于多度神宫寺的沿革，所幸在《续日本后纪》①中有很生动的记载。

839年(承和六年)正月，朝廷准许多度神宫寺成为天台延历寺的别院，这是法教的后继者们不断努力的结果。可是，延历寺与多度神宫寺的关系似乎从一开始就并不良好。详细原因不甚清楚，可能是由于收藏有大量密教经典，因而带有浓厚密教色彩的多度神宫寺并不认为天台宗延历寺适合做自己的总道场，毕竟后者是以法华经为主的大乘思想武装起来的。结果，在次年12月，多度神宫寺和延历寺又在朝廷认同的情况下停止并解除了两者的关系。

---

① 40卷。记载自文武天皇时代(697)至桓武天皇时代(791)之间事件的编年体史书。为俗称“六国史”的史书之一。

但是，若要维持多度神宫寺和多度大神（大菩萨）的地位并发展其势力，他们必须要同能够取代延历寺的大寺院联合才行。于是，法教的后人们不懈地寻求可以真正仰仗为总道场的寺院。终于在同延历寺解除关系的九年之后，于849年（嘉祥二年）通过当时活跃在中央社会的高僧传灯大法师寿宠，与日本密教的核心寺院真言宗东寺取得接触，成功地获得了东寺别院的地位。这当中，寿宠在获取朝廷认可上面无疑是个重要角色，不过将神宫寺变成东寺别院的目的既然明确表述为守护国家和满足多度大神的意愿，那么多度神宫寺一贯追求的目标也就显而易见了。也就是说，要保护多度大神＝神宫寺，就必须把神宫寺变成密教核心寺院东寺的别院，另一方面，为了获得朝廷的支持，神宫寺又必须以护国寺院东寺别院的身份主动发表护国宣言。

这种态度对于从建造当初就想把神宫寺拉拢到自己一方的朝廷而言也是很受欢迎的。由此可以更加充分看出国家对该神宫寺抱有的意图。朝廷立即批准了神宫寺的要求也是理所当然的结果。以这种方式结成的东寺与神宫寺的关系此后一直保持着，直到进入近世时代（1603—1867）。

3　探求社会时代背景

神宫寺的两种类型

上面以多度神宫寺为对象进行考察之后我们看到，在地方社会，自奈良时代后期就开始出现脱离神身现象和神宫寺的创立。不过在王权政治社会的周边，这种动向似乎出现得还更早一些。

根据藤原氏的传记《藤氏家传·下》[①]的记载，早在715年(灵龟元年)护国神之一的越前国(今福井县东部)气比神宫的大神亲自授意建造神宫寺，在746年(天平十八年)之前，九州地方以武力守护国家著称的宇佐八幡神也被人们叫做八幡大菩萨，甚至连祭祀皇室祖先神的伊势神宫到766年(天平神护二年)也建立了神宫寺。

关于统治地区社会的神灵与守护王权的神灵，不光在建立神宫寺的时代上有先后，而且产生神宫寺的社会背景也大不相同。这一点将在后面详述，在这里首先想确认的是，神宫寺的萌芽在王权层面上从奈良时代初期开始，在诸领国地域神的层面上则是从奈良时代后期开始出现的，趁着众神希冀脱离神身的不安定气氛，加之游方僧人的推动，神宫寺的核心部分逐渐形成。

这种情况下在各领国产生的神宫寺到平安时代初期的9世纪中叶已初步确立了基础，其间又出现了两种类型。第一类是前面刚刚提到的本身具有护国功能的神宫寺，如常陆国鹿岛神宫寺和伊势神宫寺等等。这些寺院本来就受到国家的支持，对他们来说，靠自己的力量排除其他寺院的介入，巩固自己的信仰和经济基础并不困难。第二类是前一节考察的神宫寺。这一类寺院虽不具备护国的力量却是地方上土生土长的势力，它们只要成为某个护国大寺院的别院分寺，也能确保信仰和经济基础，并加以扩大。多度神宫寺属于第二类。不过，这两种类型的神宫寺往后各自都取得了发展。

---

① 记录藤原氏一族的人物传记，奈良时代成书。共2卷。收于上卷的《镰足传》和下卷的《武智麻吕传》较著名，对于了解奈良时代前期的学问技术文学艺术等方面具有独特的史料价值。

神佛结合的出发点

上面讲述了自8世纪到9世纪中叶神宫寺形成、确立的历史。其中最值得瞩目的是它的宗教结构特征，那就是在日本各地神社（代表基层信仰）与寺院（代表普遍宗教）发生正面结合，在神社境内一角或邻近的地方，为渴求成佛一心修行的神（菩萨）建造起神宫寺的事实。这在其他国家很难见到类似的例子。

在印度，总体上佛教是完全被印度教所包围、吸收了。中国的佛教与老庄思想有结合之处，但佛教寺院内建造道观的情形基本没有。其他比如在欧洲，很难想象日耳曼·凯尔特的圣地会紧挨着基督教寺院。从这种意味而言，神宫寺的出现反映了日本独特的宗教结构形态，它是由作为普遍宗教的佛教和作为基层信仰的神祇观在一种开放的系统内结合在一起的，尽管彼此始终保持着各自独立的信仰和教理体系。

再有，以神宫寺为起点相继出现了冤魂信仰、净土信仰、本地垂迹理论、中世日本纪等有关神佛结合的各种问题，这些都将在本书中提及、考察。而这些问题都是以神宫寺所反映的神佛关系为基础生发出来的。神宫寺的产生，正是从历史学角度阐明神佛结合问题时第一步需要解开的关键之所在。

如此看来，在这个时代出现并形成神宫寺可以说是具有极大历史意义的，因为它开辟了一条将基层信仰（神祇信仰）和普遍宗教（佛教）在全面开放的系统内结合起来的独特道路，而这种宗教结构从出现直到近代始终构成了日本社会的精神核心。

神祇信仰消亡了吗

那么,如上所见,神宫寺担负着重大的历史意义形成并确立之后,它的母体即本来的神祇信仰就完全被神宫寺吸收而消亡了吗?事实并非如此。

让我们再看看多度神宫寺的情况。从神宫寺刚刚起步时由满愿按照神意建造的多度大菩萨像,一开始就被称做"神御像"。此外,788 年全面建成神宫寺的法教当时就把多度大菩萨称为多度大神,甚至明言只要供奉该大神,其他有关的所有神灵都可以在本来的面貌上威力倍增。因此,尽管当时出现了多度大菩萨和神宫寺,与多度大神相关的众神依然为人们所信仰,毋宁说并因此比原先更具威力了。

这种情况在其他神宫寺也一样。常陆国鹿岛神宫在神宫寺成立以后直到近世始终保留着原来的神像,若狭国若狭彦神社即便在神愿寺建成后主要的供奉对象也一直保持着祭祀神的性格,从中世(1192—1603)直到近世。还有山城国的贺茂神社,虽然建造了神宫寺冈本堂,但一直到后世,神社内供奉的仍然是原先的祭祀神;近江国奥津岛神社拥有神宫寺后也坚持供奉原先的祭祀神等等,都是极好的例证。

我们不能断言说所有的神社都建造了神宫寺,不过即便有了神宫寺,原先的神灵以及供奉它的神社也没有因此消失。为什么会这样呢?在本书后面的章节里我们将作一番探讨。在这里,首先想要指出的是,神宫寺出现之后,它和神社分别发挥着各自固有的作用,相互补充、和谐共存。

神宫寺出现以后的神社和寺院

反过来，原先的佛教寺院在神宫寺出现之后有了什么变化呢？从陆续产生神宫寺的8世纪下半叶开始，寺院里也广泛出现接请某个特定神社的神灵，或者把寺院所属地域的管辖神灵奉为该寺守护神等动向。

作为接请神社神灵的例子，我们可以看大和国（今奈良县）的东大寺。它在建寺竣工前的749年（天平胜宝元年）把宇治八幡神宫的神灵接请到附近的梨原宫所在地（稍后又迁至寺院境内的手向山，以后一直未变）。还有法隆寺，8世纪重建时把生驹郡（今奈良县西北部）的龙田大社神灵接请到寺院西侧的邻近土地上。

另外还有在原本祭祀神灵的地方创建寺院的例子，比如最早可以举出兴福寺（山阶寺）的例子。8世纪前期距平城京迁都[①]后不久，在供奉王权与藤原氏守护神的大和国三笠山麓（后来的春日大社）兴造了兴福寺，从此三笠山的众神和春日大社的神灵都成了该寺的守护神。再有，9世纪初传教大师最澄在山城、近江两国[②]边界的山上建造延历寺时，他征得了该山神灵日吉大神的同意，从此日吉大社便成了延历寺的守护神社。差不多同一时代，弘法大师空海欲在纪伊国高野山中建立修行道场金刚峰寺，他也从久居该山的丹生神那儿请得使用土地的许可，于是到后世丹生神社就成了金刚峰寺的守护神社。

---

① 710年（和铜三年）元明天皇把都城从藤原京迁至平城京。京城范围在奈良一带，故又称奈良都。

② 此处的国不是指国家，而是日本古代和中世地域区划的名称。

神宫寺的诞生把佛教因素带入了神社，但是神社的性格并没因此消失，反而得到了强化，佛教与神祇信仰在相互作用中各自发展。甚至到后来，连本来纯粹的佛教寺院中也几乎无一例外地奉请内外的神灵作为自己的守护神了。通过神宫寺典型地反映出来的这种神与佛在开放系统中的共存关系，也可以从神宫寺诞生以后的寺院与神社总体情况中得到印证。因此，我们可以说，神宫寺的出现集中反映了当时日本宗教信仰的结构组成。

如果说随着神宫寺的出现，整个日本的宗教界发生了如此大的性格转变，那么，这对当时的日本国家及社会产生了什么样的影响呢？接下来，让我们把目光对准国家制度，具体来看一看这影响究竟大到什么程度。

4　律令制国家神社编制的僵化

神祇官制度

地方上有势力的神灵纷纷诉说做神的罪业和苦恼，并要求脱离神身皈依佛法的现象发端于奈良时代（710—794）后期，到平安时代（794—1192）初期已经遍及日本。这样一来，对于通过约束诸神来收拢人心巩固全国统治的律令制国家而言，事态变得十分重大。尤其是在律令制国家中被委任统辖全国大小诸神的神祇官受到的打击更加严重。

自701年（大宝元年）大宝律令颁布以来，神祇官的主要任务是在举行由民间传统祭祀演变而来的祈年祭（祈愿丰收）、月次祭（祈愿季节运行顺畅风调雨顺）、新尝祭（庆祝丰收）等仪式之前，把全国各地朝廷公认神社的祝部[①]集中到神祇官厅。在敬神的供品(币帛)[②]面前由神祇官员中臣氏向神灵宣读表示感谢和祈求护佑的祝词,祝词读毕,再由神祇官员忌部氏把那些作为供品的币帛颁发给列队参加仪式的祝部们。对此,神祇令中有以下规定。

> 其祈年、月次祭者,百官集神祇官。中臣宣祝词,忌部班币帛。

此外对"班"的意思,神祇令的一种注书上有如下说明。

> 班,谓班之于诸国也。当时之行事,诸社祝部往参神祇官受取。

为什么要举行这样的仪式呢?主要是为了把在每次祭祀中供奉给天皇祖先神等的稻穗,以及其他在前一年收获的最好的作物分发给从全国各地神社赶来的祝部们。这一点在每年二月份举行的祈年祭中意义显得尤为重要。在朝廷的神祇官厅举行祈年祭时,中臣氏必须宣读类似下面的祝词。

> 禀告皇祖众神,二月乃农事之年初,御皇孙(指天皇)谨奉币帛(指供品),祈求今年丰收如旭日。特此奉祝。……皇祖

---

① 神社中地位次于"祢宜"的神职人员,直接参加祭祀活动。

② 原文表记为"币帛",统指奉献给神灵的物品。以下根据情况将直接使用"币帛"本词。

众神赐予我等稻粱。农人手粘水沫，足踩泥浆，稻谷结实丰茂，皆为皇祖众神所赐。故在此奉献初穗千束百束，浆饭满瓮，特此奉祝。

意思是说，因皇祖神等的保佑去年庄稼获得丰收，用丰收的稻穗以及其他作物今年再事种植，努力生产，就能再度得到神灵的护佑，获得丰收。换言之，人们认为那些作为供品的稻穗等果实充满了皇祖神灵赋予的灵气，具有带来丰收的神奇力量。

不过，与祈年祭内容相同的丰收祈愿祭祀当然也在全国各地的神社举行。在那里，将去年收获的最好的一部分供奉给当地的神灵们，接受灵气。从这些地方神社当中，朝廷会挑选出有势力的神社，让它们派遣祝部路途迢迢地来到京城，聚集在神祇官厅参加国家的祈年祭祀，分发充满皇祖神灵力的稻穗等谷物。

这些祝部们不顾旅途劳顿来参加祈年祭祀，是因为只有这样他们才能获得被赋予了皇祖神，即司掌大地及整个宇宙的最高神灵威力的币帛。然后把这些谷物带回当地神社，与供奉给地方神灵并得到其护佑灵力的稻穗混合在一起，这样当地的稻穗中也便带上宇宙神的灵力。再把这些稻穗分发给下属各神社以及神社周围的村民们，作为种子播种到田野里，巨大的灵力便会保佑今年的丰收了。

律令制国家从制定大宝律令的时候开始，通过这样的神祇祭祀把地方上有势力的神社及其供奉对象均纳入自己的制度中，把附有皇祖神＝全宇宙神灵的稻穗谷物分发给地方神社和乡村的目的是为了激发起他们对皇祖神的感恩心情。这样，作为国家，就能够借着收取敬神谢恩的“初穗”(新稻、新谷)的名目征收租税。普通老百姓对律令的条文以及租庸调制都一无所知,律令制国家能从他们身上有效地收取租税正是因为有神祇官制度的存在,是神祇官制度像施了咒语一般先把民间的基层信仰神奇地统辖起来了。

僵化的神社编制

像这样建立起来的律令制国家的各领国神社编制到8世纪中叶的奈良朝中期还比较顺利地发挥它的作用。甚至在772年(宝龟三年)发生的一个事件也如实地反映了这一点。当时传闻武藏国(今东京都和埼玉县一带)入间郡的出云伊波比彦神对上一次的币帛班发遗漏了自己而心怀不满,将一把神火放在设于该郡的国库中,结果把储备的稻种都烧尽了,于是便要求上面重新颁发币帛。

但是,进入8世纪中后期以后,反过来开始出现了不愿去神祇官厅要币帛的神社。775年发布的太政官符(行政文件)中提到,“祈年祭等班给币帛之日,有祝部不来神祇官厅参加仪式。今后不许有类似事件发生,如不改正就削除祝部职位”。律令制国家绝对不容许这种行为的原因,只要回想前面记述的内容就不难理解了。律令制国家之所以要召集各领国主要神社的祝部们前往神祇官厅,主要是出于容易征收租税的考虑。神祇官把附着有皇祖神灵力的稻穗谷物分发给祝部,让他们带回地方神社,并与当地乡村祭祀的币帛混合在一起由农民播种培植。然后再让农民自愿献上新稻、新谷,以充作租税。因此,一旦出现各领国的祝部不再前往神祇官厅取币帛的事态，对于律令制国家，这便意味着将出现租税征收困难的局面，而租税正是律令制国家得以立足的物质基础。

当时的老百姓一般不懂律令规定的租税法。实际上，正如奈良时代中期的某个律令注解者所指出的，在地方乡村进贡初穗的仪式上都要由郡司、里长等律令制国家的最下级官吏来解说国家法律，即律令租税法。这一点在本书第二章将详细论述。不过这已表明老百姓把国家的租税征收仅仅理解成向神灵进贡初穗的一个环节而已。一般民众对租税的理解仅止于此，那么作为操纵律令制国家的王权及中枢官僚贵族们对诸领国、诸神社的祝部们不来神祇官厅参加祈年祭等仪式的行为，必然要采取坚决的态度加以抵制。

举行祈年、月次、新尝等祭祀时，召集各领国、各神社的祝部们到神祇官厅来参加仪式并颁发附有皇祖神灵的币帛是日本独特的祭祀礼仪，它可以说是律令制度的产物，这是因为当时位于社会底层的乡村以及农民们还处在未开化的依赖神灵咒术的生活和意识当中，如果不采用神祇官制度恐怕连租税征收制度都无法稳定下来。

在神宫寺出现的过程中

由神祇官统一召集各领国的主要神社参加祈年、月次、新尝祭祀的神社编制对律令制国家的统治具有决定性的意义，然而到8世纪下半叶它为何会走向僵化呢？这个问题的答案正好可以拿来说明地方的诸神灵要求脱离神身以及神宫寺出现的原因。

8世纪后期开始产生的地方神灵的苦恼，以及神灵们要求脱离神身皈依佛教的愿望其实正是一直统治着地方社会的豪族阶层本身的苦恼，以及他们要求皈依佛教的愿望。也就是说，到了8世纪中后期，全国各地肩负着祭神任务的地方豪族面临着地域统治的僵化问题，他们需要依靠佛教来打开局面。这么一来，对地方豪族而言，神灵已不再需要，也没必要通过祭神来维持统治，更何况这已经变得不可能了。因此祭神也好，供奉币帛也好，不管被赋予了多么大的灵力，都已经不再需要了。

成书于9世纪初的日本最早的佛教故事集《日本灵异记》中有一则耐人寻味的故事(下卷、第二十四)。相传在近江国野州郡祭祀陀我大神的御上神社旁边有一座佛堂。光仁天皇在位的宝龟年间(770—781)，在那里居住修行的僧侣大安寺的惠胜和尚面前突然来了一只白猴，要和尚为它诵读法华经。白猴说自己原本是天竺国的大王，因阻止人们追随和尚而获罪，死后变成了猴子成为该神社的神灵。惠胜答复白猴，让它先拿稻谷来做供品，但白猴表示无法做到。它陈述的理由是，“朝廷之臣赐我。而有典主(神主)据此为己物，不予我。我不得享。”惠胜听信白猴所言，满足它要求和尚诵经供养自己的愿望之后，神灵降下的灾厄立即就消失了。这里值得注意的是白猴的诉说，本该奉献给神灵的供品因典主的介入使神灵无法享用。也就是说，作为神主的豪族没有把朝廷分配下来的稻谷奉献给神灵，而是纳入了私囊。《灵异记》的故事很好地反映出脱离神身要求成佛的动向正是与这种事态遥相呼应的。地方神灵要求脱离神身建造神宫寺的精神土壤如果以地方豪族为中心而一旦滋生出来，那么，同样是豪族的神社祝部们便不再为朝廷颁发的币帛＝稻谷的灵力所吸引了。

8世纪中后期开始出现的地方神灵的脱离神身和神宫寺化现象，正是如此，同神祇官向各领国主要神社颁发币帛体制的僵化密切相关，而后者难免会让支撑律令制国家统治的租税征收陷入困境。在地方神灵的神宫寺化活动中，朝廷之所以会积极介入并提供援助跟这也不无关系。神宫寺的出现让国家税收变得困难，同时具有让地方豪族与民心背离国家的倾向性。这样，作为律令制国家就需要大幅度地修正自身历来的方针，认同地方神灵的脱离神身和神宫寺化，并为解决其困难献计献策，以便重新赢得地方豪族的心，确保他们的顺从。

不管怎么说，地方神灵要求脱离神身和神宫寺的出现给了律令制国家一个警告，告诉他们陈旧的统治方法——即表面上采用律令国法，本质上沿袭大和王权时代[①]那种以国家名义来收容编制地方共同体祭祀，把统治和税收置换成对神灵的服从、进献初穗的概念——的做法已经行不通。结果，律令制国家不得不承认脱离神身和神宫寺化倾向，并采取促进支持的态度以收回地方豪族逐渐背离国家的人心。

币帛分配制度瓦解的第一步

如果说各领国神灵皈依佛教和神宫寺的诞生是历史的必然趋势，那么无论朝廷如何参与建造神宫寺，为获取主力军——地方豪族的人心无论怎么卖力，律令制国家的统治都不可能获得重建。

---

① 为4世纪前后至7世纪中期大和政权统治日本的时代。泛指律令制国家成立以前的王权统治时代。

因为律令制国家失去了借以征收租税的实质性手段，另一方面，地方社会仍然没有发展到能够理解律令官僚制度本质的阶段，而国家又没有什么良策来替代原有的税收体制。

从神宫寺刚刚出现到它后来成为大寺院的分寺具有稳定势力的9世纪中后期，这期间，朝廷一边积极地协助实现神宫寺化，一边依然贯彻把各领国主要神社的祝部召集到祈年祭、月次祭、新尝祭上，由神祇官颁发币帛的政策。当然，由于越来越多的祝部以及豪族阶层不再重视神祇官颁发的币帛，把币帛确确实实送到各领国祝部手中便成了政策执行的紧要目的。由此也可以看出，朝廷不得不采取必要的妥协措施。下面让我们来看看在平安时代前期的9世纪中，朝廷的政策执行中有什么样的变化。

817年（弘仁八年），朝廷向各领国发布的太政官符中有如下内容。

> 祈年、月次、新尝祭之日，诸国、诸社祝部不参神祇官，不领币帛，怠慢之态有加。虽上有令再三教导，下则依然屡犯不止。……于祝部等，当竭尽委曲令其知晓领取币帛之要义，开启其蒙昧。若有不改者，当按宝龟六年（775）太政官符规定（该问题开始突出时颁发的），削除祝部之职位。

从这条文献中可以看到，随着各领国的神宫寺不断建造，祝部们不到神祇官厅领取币帛的情况比起问题才露端倪的宝龟年间进一步扩大，对朝廷而言，问题越来越严重了。它不仅仅只是由租税征收困难带来的危机感。祈愿丰收的祈年祭自不待言，祷告季节运行顺畅的月次祭、庆贺丰收并对王权誓约服从的新尝祭等等从总体上看，它们最大的意义就在于把民间的带有咒术意义的地域性祭神仪式编入国家体制中。因此分发币帛的行为本身包含有更深刻的意义，即它通过将天皇及其祖先神的灵力分配给地方社会来确认后者对王权的全面服从。然而另一方面，像上面那样的事态发展则意味着在律令制的框架内已经很难继续实行大和王权时代那种依靠咒术信仰的社会统治。

正因为这样，朝廷在这份官符中尽管继承了宝龟六年官符的基本方针，却花了更多的气力来劝说祝部们理解领受币帛的重大意义，削去祝部职位的处罚只作为最后一招，予以保留而已。

从这份官符中可以看出，朝廷已经认识到祝部们的不受币帛并非一时的现象，而是发展形成一定规模了；因此不能光凭借强硬压制，而要加强对祝部们灌输领受币帛的重要性以突破困境。在这个意义上，上面这份官符标志着朝廷针对币帛颁发问题正式采取的第一着对策。

国家的新对策

在地方社会，人们要求建造神宫寺皈依佛教的同时，祈愿成佛的大神本身在豪族阶层以下的社会底层依然具有很强的信仰势力，因此朝廷采取的对策在一定程度上奏了功效。九世纪二十年代到四十年代期间似乎出现了各神社祝部再度集中到神祇官厅参加祭祀的复古现象。因为，自上面提到的 817 年（弘仁八年）太政官符发布以来直到 855 年（齐衡二年）之间，太政官厅没有就不受币帛问题继续发布官符。

但是到了9世纪中期的855年(齐衡二年),围绕同一问题的太政官符时隔许久再次发布。从中不但可以看出新一轮不领受币帛的动向,还能感受到朝廷在对策上的明显变化。

> 分给武藏、下总、安房、常陆、若狭、丹后、播磨、安艺、纪伊、阿波等远国神社之币帛,理当由上述诸国的祝部前来神祇官厅领受,供奉于本国神灵之前,然近来无人前来领受。故神祇官厅库房内币帛堆积。官厅察见,诸国地处远僻,进京返乡恐旅途不便,故自今往后由贡调、大帐(充任京城与领国间联络员的官员)捎带送往各国。望各国首领慎重领受,不得疏略。

从这段话中可以看到,尽管全国的祝部都存在不受币帛的倾向,在朝廷耐心工作之后,包括偏远领国在内事态一度获得了平息;然而最近自武藏国到阿波(今德岛县)等诸国的祝部又以路远不便为由再度不上京领受神祇官币帛了。以路远不便为由不进京领受币帛的说法显然是个借口,因为前面提到,在奈良时代前期还有像偏远地武藏国的神社因被漏发币帛而导致神灵显怒的例子,更何况9世纪20—40年代包括上面列举的偏远领国各神社都再次派祝部进京领受币帛了。

因此,只能说进入9世纪50年代后在偏远地区出现新一轮的不受币帛运动是另有原由的。他们虽然一度被说服重新前来领受币帛,但很快又出现了让他们无法接受的新情况。关于这一点将在下一章详述,总之事态表明在神宫寺陆续诞生的地方社会发生的变化更加剧烈，已成为一股不可阻挡的汹涌潮流。

事已至此，朝廷也认识到靠从前那样的说服工作与行政处罚已经解决不了问题。但是，颁发币帛是实现租税征收与社会统治的一种咒术性办法，在没找到可取代它的有效理论根据之前，朝廷只能与佛教联手并使出比佛教更优越的气势，继续贯彻币帛颁发制度。因此正如前面的官文所述，朝廷所能采取的唯一办法就是委托贡调、大帐等差使把币帛送至各领国的国府衙门，命令国司召集本该进京的各神社祝部前来领取。朝廷不惜卑躬屈膝，主动把附有皇祖神灵的币帛送到全国各地有势力的神社。之所以会采取这种屈辱的对策，主要是朝廷还期望着能把社会底层中潜在的咒术信仰力量聚集到自己一方。

不过，上面的做法只是针对偏远地区的神社，而对五畿之内以及近江国等靠近京城的神社依然保持了 817 年发布的太政官文的姿态。9 世纪中期以后，这些皇城脚下的神社也受到偏远地区运动的激发，不受币帛的事态再度严重化。对此，868 年(贞观十年)发布的太政官文则反过来采取了更加高压的态度。对不受币帛的祝部问以玩忽职守罪，并加诸称为“上祓”的神事刑罚，如仍不改正则削除职务。因为朝廷也考虑到，对偏远地区尽管从根本上采取了新的对策却未见太大的成效，照此下去在京城脚下的地区也难免发生令律令制国家统治根基动摇的局面，所以要实行高压加固。

币帛颁发制度的全面崩溃

朝廷对京城周边的领国神社采取的强硬态度反而招致这些神社更加背离朝廷。如此过了七年之后，到 875 年(贞观十七年)太政官符终于规定，原来只对偏远地区实行的办法（委托贡调、大帐等差使发送币帛到各领国国府，再由国府召集各神社祝部实施颁发）扩大到包括五畿、近江国在内的全国范围内，同时本来以五畿、近江国内不领受币帛者为对象实施的上祓刑罚以及对玩忽职守者的削职处理也扩大到全国。

朝廷只要不废除律令制统治，无论社会实际情况如何变化，颁发币帛的制度都不可能取消。所以，哪怕对天皇脚下的五畿、近江国，朝廷也只有采取主动发送币帛到国府的屈辱方法，为保障最小程度的利益可谓殚精竭虑了。不过，朝廷也充分认识到地方各神社的祝部根本上已经不再重视领受币帛，所以终于使出了最后一招，把七年前仅限于五畿、近江国实施的上祓、削职等强制性措施扩大到全国，企图凭借处罚的力量来重建制度。

但是，对那些早有太政官符下达的偏远地区诸领国再次发布上述法令的行动本身便说明：尽管朝廷把币帛送到了国府，可各神社的祝部并没有按朝廷的希望前来领取。我们知道，神宫寺并未否定历来的神祇信仰，毋宁说它是作为巩固神祇信仰的佛教角色登上历史舞台的，因此一旦等它在全国的地位确立、稳定之后，无论朝廷如何拼命地利用扎根在社会底层的神祇信仰来吸引人心，人们也必然会越来越不重视币帛以及它所带有的灵力。

也就是说，随着神宫寺地位的确立与稳定，在全国普遍出现了从根本上不再需要神祇官币帛的情况，那么即便打出了上面所说的种种政策，由神祇官统率全国神社的编制以及币帛颁发制度都不可能恢复旧日威风了。朝廷在875年发布太政官符之后，时隔18年，在893年（宽平五年）及其次年再度发布太政官符（要求各领国派一名官员率领各神社祝部进京到神祇官厅领受币帛），向全国下达命令试图强行挽回局面。但实际上经历过去的一次次曲折后，作为朝廷想必也很清楚那命令并不具有多大的实效。对尚未掌握新的社会统治理论和方法的朝廷而言，只能依靠这样的官符来高声宣布本来的方针，显示自身的威望。另外，像这样的官符被不断地颁布出来，反之也说明能够取代旧制度的新型经济基础正在逐步成立，新的社会统治道路正在摸索当中，并一定程度看到了轮廓（至于它的具体内容以及在何种意义上可称之为新型经济整合、社会统治理论将在第三章进行讨论）。

不管怎样，从 8 世纪中后期到 9 世纪中后期的 100 年间，神宫寺出现、确立并得到很大发展。这 100 年的性质跟律令制国家的基础，即社会统治的形式转变有着十分密切的关系。当然，对当时社会的其他各领域产生的影响也必然是相当深远的。

下一章，我们将缜密地探讨一下造成这次宗教界地壳大变动——神宫寺创立的社会背景。多度神宫寺仰奉为总道场的东寺是国家佛教的枢要，因此下面首先要登场的是东寺的开山鼻祖弘法大师空海。

第二章 从杂密密教到大乘密教

1 空海带来了什么

空海的苦恼

弘法大师空海于774年(宝龟五年)诞生在谶岐国多度郡的豪族佐伯氏的家里。自幼好学,788年(延历七年)15岁时进京,在舅父阿刀大足的辅导下深造学业,三年后的791年进入大学学习。在那里,受一名僧侣的指点,学习了杂密密教经典之一的虚空藏求闻持法。杂密一般重视修行和修炼秘法,空海从此便对它入了迷,后来在阿波国大泷山、土佐国室户崎等地辗转修行。并于797年(延历十六年)著述了宣扬佛教优于儒家、道家思想的《三教指归》。

那个时期的空海,我以为也应该是承袭了满愿的足迹,引导各地动摇不安的神灵皈依佛教,促进了神宫寺的建设。但是,这一实践给他带来了新的苦恼。在第一章已经讲到,在各领国开始粉墨登场的神宫寺在8世纪末9世纪初期面对已经形成体系的南都六宗派[①]大寺院和国家权力,还无法依靠自身的力量开创局面。如

---

① 奈良时代盛行于都城一带的佛教宗派。主要指三论、法相、华严、律、成实、俱舍六宗。南都多指平城京,相对于后来位于北边的平安京而言。

果我们重新考虑那些为建造神宫寺推波助澜的僧侣所处的立场，就会发现他们赖以行动的思想依据是被唤作杂密的经典理论，通常倾向于只通过虚空藏求闻持法等具体的修行方法从咒术性的角度来理解佛教。这跟南都六宗派依据的大乘佛教经典，即具有普遍性和抽象性并且已经体系化了的大乘佛典是有很大不同的。

估计空海在当时一边牢牢立足于咒术性的杂密教义，同时又四方寻求可与大乘佛教匹敌的具有大乘意味的密教经典。经过797年（延历十六年）至804年（延历二十三年）的摸索时期，他终于在大和国的久米寺发现了从唐朝传来的《大日经》（善无畏译）。就在接触到这部在中国形成的大乘密教的主要经典时，他终于看到了解决苦恼的曙光。

努力出成果

就这样，空海于804年（延历二十三年）志愿加入遣唐使队伍，渡唐求法。次年，他在长安的青龙寺遇到了惠果和尚。惠果在《大日经》和《金刚顶经》（金刚智译）的内容基础上，把杂密和大乘佛教结合起来，创建出一个空前绝后的宗教体系理论，以此来阐述从咒语法术到宇宙终极价值，并把它图像化，制成两界（胎藏界、金刚界）曼荼罗图等等，成为大乘真言密教的集大成者。空海只花了不到一年的工夫跟随惠果学到大乘真言密教的所有内容，于次年806年（大同元年）归国。之后，他向内外宣告从唐朝带回了能够解决神宫寺问题的思想体系，并以和泉国（今大阪南部）的槙尾山寺、山城国的高雄山寺等为据点来接近当时的王权代表人物嵯峨天皇。他力图让天皇把他从唐朝带回的大乘真言密教钦定为护国之教，并希望朝廷准许他把神宫寺等现象都组织到他自己的教义和宗教集团之下。然而，嵯峨天皇对他天才般的能力望而却步，反过来重用了与他一道作为遣唐使到过中国的传教大师最澄。最澄带回了在中国作为护国之教发展起来的天台宗，结果他在比叡山创建的延历寺被钦定为镇护国家的寺院。

空海则等待着时机到来。他先退一步向嵯峨天皇请求在纪伊国（今和歌山县及三重县部分）高野山中建造真言修行寺院，816年得到准许后，花三年多时间打下基础，取名“金刚峰寺”，成为培养教团的场所。823年（弘仁十四年）嵯峨天皇临退位之际，终于同意把东寺下赐给空海。同年，继嵯峨天皇之后即位的淳和天皇在位期间始终积极地对空海加以庇护，当时，不但东寺成了专修真言的护国寺，到了834年（承和元年）甚至连宫廷内部的御七日法会都规定全部由真言宗僧侣主持。企图统辖神宫寺的真言密教一旦成为镇护王权的教团，便意味着吸收寻求王权保护的各国神宫寺进入自己体系的条件已完全成熟。多度神宫寺在839年（承和六年）一度成为延历寺的别院，但在次年又解除了两寺的关系，直到849年（嘉祥二年）最终成为真言宗东寺的别院以后不再更改。像这样的事实正说明空海的努力结出了硕果。

日本宗教史上的巨人——空海

这样看来，满愿禅师等游行僧们为帮助神灵皈依佛教建造了神宫寺，而空海则继承了他们的成果，并且实现了他们一心祈愿却悬而未决的诸如杂密的大乘佛教化、获取王权庇护以及拥护王权等课题，所以空海无愧被称作日本宗教史上的巨人。

那么，针对当时日本宗教内部发生的地壳大变动，即众神灵要求脱离神身而皈依佛教以及创建神宫寺的动向，空海为什么会想到唯有大乘真言密教才能解决问题呢？要回答这个问题，应该先从脱离神身以及建造神宫寺的运动为何会波及全国的问题着手。

下面就让我们来回顾一下日本的王权统治最早摄取佛教时的情形。

2 接受佛教和密教的体系重建

大和王权如何接受了佛教

佛教传入日本是在538年，钦明天皇在位的时代。在那之前支撑大和王权的宗教自然是具有咒术性格的神祇信仰、祭祀以及神话。这里有一点须引起我们的注意，那就是地方乡村的结合也好，豪族的地方统治也好，王权的全国统治也好，在具有咒术性格和依靠集体的神祇信仰方面是相通的。处于上位的权力机构对下属社会通过咒术手段实现的集体统治利用更强大的咒术法力进行管辖。支撑这种统治和社会整合的宗教由于其咒术性和集体性特点，还都不具备来世观念和个人的罪孽意识。这是因为，当时的日本还完全不存在个别的土地私有现象，土地的所有和社会结合单位都是集体形式，在那样的状况下，不光个人的独立尚未出现，与之互为表里的私有·统治带来的罪孽意识以及不同于现世的来世观念等等都还没有萌生。

因此，538年佛教刚传来时，王权只把它理解成神祇信仰的外来版本，把稍后偶然发生的瘟疫也看成是吸收佛教招致的神祇降怒而已。

然而,时间让王权了解了佛教的本质。尽管大和王权是靠集体及其信仰层层堆积起来的上层建筑,但处在统治阶层顶端的大王则是该社会唯一的例外,他可以作为独立的个人行使所有权和统治权。在王权形成过程中,大王本身对自己的把握充其量是作为日本列岛全体首长集团的代表,并作为他们的集体神灵,即王权之神的地面代言人。但是到6世纪进入钦明朝,王统实现稳定的万世一系化以后,便从中国、朝鲜引进儒家文化作为自身权力的理论根据,受此影响,大王开始把自己定位为拥有并统治整个大和国的世俗王权。

当大王产生了个人意识,那么这种倾向必然会在嫔妃、王族、外戚等王权中枢扩散开来。这样一来,身居王权中枢的人们自然会比普通人更早地理解佛教的本质。他们认为,对拥有和统治的欲望以及由此产生的种种罪孽让人堕落,只有通过艰苦修行才能消除这些罪孽而达到解脱的境界;他们还了解到来世是一个完全不存在罪业和苦恼的永恒世界。

其实我们可以想见,佛教的创始人佛陀本人也出身王族,他在尝尽苦恼、历尽修行苦难之后得到彻悟。在日本,这种苦恼最早也只能产生在王权中枢。不过,在王权中枢这种苦恼的产生,至少说明在这个世界里已经形成了一种能够理解佛教本质——脱离苦海观点的基础。7世纪前期掌握了推古朝实权的圣德太子临死之际遗留下“世间虚假,唯佛是真”的偈语,便能证实上述推论。

但是,我们知道,圣德太子虽然达到了这样的认识,他也并没有抛开摄政王族的政务而出家苦行以求开悟。那么他的矛盾是如何解决的呢？这个答案并不难发现。因为以法华经为主的各种大乘佛教经典中到处都写着一个主张，那就是在家者（当然也包括王族在内）只要对代替他们出家修行以求悟道的僧侣进行供养布施，他们就能跟后者结缘以致解脱。作为其结果，佛教不光吸引了身在王权中枢而心里充满苦恼的人们，它甚至还承认了被佛陀否定为罪业的拥有行为和统治行为，对它们进行了正当化。

佛教迅速扩散的理由

推古朝是律令制国家建设过程中的远古起始点，但那时的王权中枢内部竟已产生了上述这样的意识。正因为这样，律令制国家一边为了从内部整合依然带有咒术性格的集体社会而继续重视神祇信仰和神话，并把祈年、月次、新尝等祭祀和记纪王权神话[①]体系化；一边积极地把佛教吸收为护国宗教，在京城以及各地领国的上上下下不问公私建立寺院，培养众多僧侣。这里除了针对中国、朝鲜的抗衡意识，我以为还有来自统治集团内部的要求。

这样，到了奈良时代的中后期，中央出现了以法隆寺、元兴寺、药师寺、东大寺、法华寺、兴福寺为首的各大寺院，地方上则有国分寺、国分尼寺、定额寺，此外各种郡立寺、私立寺林立丛生，整个日本列岛上分布的大小寺院在数量上足以和自古以来的祭神圣地、神社相匹敌。

那么，律令制国家在短短的时间内以国家主导的方式建立起

---

① 《古事记》和《日本书纪》中记载的有关日本天皇来历的神话，宣扬天皇是日本固有神灵的直系子孙。

如此众多的寺院，并维持它们运营的原因何在呢？那是因为在律令制国家的王权之下产生了一个能够直接地且集中有效地控制整个国土和人民的体系，对拥有和统治抱有的罪恶意识在推古朝之前已经萌芽，到那时一举扩散到所有的王权人物和官僚贵族之间。因此，因个体的自我认识、所有权以及统治权而产生的罪业意识自然会对本来就存在的社会集体及其神祇信仰发生巨大影响。

也就是说，王权人物和官僚贵族们开始普遍认识到自己是借神灵和集体之名实现土地私有和对民众控制的，因而同样借用神灵告喻的方式而托众神的名义坦白种种罪状，并为协助神灵皈依佛教、入菩萨道而着手建立神宫寺迦蓝。前面一章已经论及，在守护王权的神灵世界里要比地方社会领先一步，于奈良时代初期就开始形成了神宫寺，越前国气比神宫、宇佐八幡宫、伊势神宫等的建立正是反映了这样一种情况。

神宫寺在尚未理解佛教本质的环境里恐怕不会产生。在王权和贵族的世界里，到奈良时代初期，人们的认识已经到达了自觉理解佛教本质的高度。但是，地方豪族与普通老百姓的世界应该说还没到达那个水平。这一点，我们只要想一想朝廷为了实质有效地控制这个世界，最大程度地利用了具有咒术性、集体性特点的祭神仪式，就可以充分理解。在那个阶段，地方豪族以下的区域社会内尚未产生神宫寺，而是只在王权统治的层面上以上述方式逐渐出现的。

王权的神佛

不过，王权世界里的神宫寺，根据其母体神社与王权关系的亲疏，它们自身的存在方式也各不相同。比如越前气比神社自古以来是王权北方边界的守护神，因此神宫寺就建在神社境内一隅。而宇佐八幡神宫的神灵在神宫建造之初就具有镇压外敌的外来神的性质，所以从一开始便带有佛教因素，故而由神灵向菩萨的转形在原来的神社大殿就能完成。再比如伊势神宫由于是祭祀天皇的祖先神天照大神的神社，它作为王权正统性的内在精神支柱，必须竭力避免与外来宗教即佛教发生直接接触，因此一开始它的神宫寺就和神宫不在同一个境域，到了 772 年（宝龟三年），据说因神宫寺与神宫同在度会郡（今三重县东南部）而招致了天照大神的降怒，结果神宫寺被迁到了饭高郡（今三重县中部），780 年（宝龟十一年）又以靠神社太近为由而迁往别处。

但是，尽管神宫寺有如此多样的存在情况，已经在王权和贵族世界里落脚的佛教开始不停地蚕食神祇的领域，后来甚至为协助皇祖神天照大神皈依佛教而建造了伊势神宫寺。在这个世界里，为建造神宫寺积极奔走过的都有哪些僧侣，有关他们的史实情况如何，现在我们很难具体考证了。但是，还能清楚地了解到的是，在宇佐八幡宫把大神转变为菩萨过程中，扮演了决定性角色的人物是一个名叫法莲的杂密密教僧侣。正如从役行者[①]依靠杂密经典《孔雀王经》来修行的事例可以看出的那样，从奈良时代之前，杂密密教就开始广泛进入日本。结合这一史实，我以为大致可以推断，建造地方神宫寺的同样应该是杂密密教的僧侣，他们中的不少人恐怕与南都六宗还有牵连。

---

① 奈良时代的山岳修行者，被尊为日本佛教宗派之一的修验道鼻祖。又称役小角或役优婆塞，后世流传有不少有关其神通的传说。

3 向地方社会的扩展

乡村的祭祀情况

奈良时代，佛教广泛浸透到王权与贵族世界，人们逐渐开始从本质上理解罪业与救济，但在8世纪中叶之前的地方社会，普通民众自不必说，就连豪族阶层的人心依然牢牢地被咒术性的集体神祇信仰和祭祀所控制着。

只是豪族阶层自7世纪中后期也开始在全国各地参与寺院建造。不过正如《日本灵异记》所收的地方豪族皈依佛教的故事都是用来说明佛教带来的奇迹和神通一样，佛教在当时同刚传到日本的大和王权时代并没有太大的区别，都被视作一种神通广大并且可以巩固原有神祇力量的外来神祇而已。

这里有一件史料能向我们生动展示上述地方社会底层的真实情况。那就是《大宝令》中规定仪式、典礼作法的《仪制令》"春时祭田"条目（规范农村祭祀的内容）中的一条注解。让我们先来看一看春时祭田条目的内容。

> 凡春时祭田之日，集乡之老者，一行乡中饮酒之礼。使人知尊长养老之道。其酒肴等物皆由公廨供具。

在这款条文的注解中，有一条（"一云"。约738年形成）具体记述了当时农村祭祀的真实情形。上面说：

在诸国郡乡的村庄，各村皆有“社首”为神主（在实施村庄政务的同时主持大小的鬼神祭祀），执掌春秋的丰收祈愿和收获谢恩祭祀。（为筹集本村的祭祀经费）要求村人离乡外出时供奉祈祷安全的物品，庄稼收获时则按各家的收入多少向神灵贡纳新稻、新谷，并用它来借本生利。举行祭祀时人们用这些稻谷供品制成献给神灵的酒水食物，以及（在分享神灵用过的供品的“直会”上）分发给村人的食物。（祭祀当天）不问男女老少，把全体村人召集到神社，（给神灵献上供品后）把国家的法令尤其是租税法（向朝廷纳租）灌输给人们，宣传向神灵敬献新稻、新谷的道理。祭祀仪式一旦结束，（立即开始叫做直会的宴会，人们不管门第高下）只按年龄大小分席而坐，由年少者分膳。人们通过受用神灵享用过的酒馔以及为祭祀另外准备的食物来接受神灵们的灵力，从而加固村庄的凝聚力。

上面的文献向我们鲜明地展示了一个事实，那就是家家户户并不独立，村人们共同祭祀本村的神灵，以村庄为单位图谋共同繁荣。

奈良中期之前，处于社会基层的乡村通常各自举行祭神活动。其中，全村人们行动一致共同祭祀神灵，从而接受神灵的恩泽护佑，使村庄这个集体得到反复再生；而全村人们通过参加祭神活动，得以维持生产关系和社会关系。这样的祭神，为统治者整合一个社会提供了重要的精神纽带。

集体所有制和村长

顺着这条线索，我们不妨来整理一下该时代之前地方社会的土地所有制方式，以及建立在这一基础上的豪族阶层的统治方式。

前面已经提到，献给诸神的初穗按照每家每户收割量的多寡来决定交纳数量。这清楚地表明一个村庄内家庭不但是消费单位，同样还是生产活动的单位。但无论如何，这些家庭还没有成长为土地所有的单位。在当时买卖土地时使用的文契当中，没有一件是把老百姓的房子作为交易对象的。并且，在家庭土地所有制形成后的时期，当村庄举行祭祀时，参加或主持祭祀的往往只是各家的家长。而在这个阶段，依然是全村的男女老少都来参加祭祀仪式，这说明以家庭为单位的土地私有制还没有形成，村里所有的土地都是以神灵的名义属于全村的东西，换言之是全村人的共同财产。

那么，通过土地的中介而对人的统治是否还没形成呢？事实也并非如此。在村里主持祭神仪式被称为“社首”的神主通常也是被称为“村首”的村长。因为他在执掌村务的同时，还时常要把领国郡乡等的下级官吏召集到祭祀现场，让他们通过解说奉纳初穗的意义令村人们知晓律令法、租税法的道理。村长把村民献上来的初穗一部分上缴国家，一部分便归己所有了；借着向村民传达神意的冠冕堂皇的名目，打着神灵的掩护，实现对村内土地的所有和对人们的统治。

尽管如此，村长还不算是领有村内全部土地的领主。尽管他实质上包含了私有制和个人统治的萌芽，但表面上还是集体共同需要的、沟通神与村民之间的联络员。归根结底，他只要能够代表集体的共同利益和神灵进行和议，那么他把献给神灵的一部分供品卷入私囊其实也是得到村人默认的。

豪族统治和律令制国家

律令制国家中以郡为单位编制起来的地域社会就是由上述那样众多的村庄组成，并由地方豪族实行统治管理的。地方豪族通常是指在郡内某地区挑选出来担任郡司职务的本地人，追根溯源也就是自大和王权时代以来独立统治地方的国造、县主[①]以及他们手下的人们，这些人按身份分别担任大领、少领、主帐等职务，通称郡司。

地方豪族对下属村庄和土地实行的统治表面上是作为律令制国家的基层行政机构而建立户籍、运用班田收授法、分摊租·调·庸等等，并在国家认同的前提下把其中一部分据为己有。但是，在下属村庄的人们还必须要把租税转换成向神灵进献的初穗才能理解的情况下，户籍和班田收授法也形同虚设，不可能起到实际的统治作用。

在实行律令法之前，作为郡司前身的国造给自己治下各村的护佑整个地域的大神分别冠以了所在地的地名，比如尊称为若狭彦大神、多度大神、鹿岛大神等等，并在春秋两季举行祈祷丰收和感谢收获的祭祀。可以想见，在那些祭祀中，各村的神社"社首"被

---

① 国造、县主皆为古代的地方官，国造一般世袭领官一郡，大化改新后改任为郡司。县主统治一县。

召集起来，向大神奉送精美的酒馔，然后把神灵享用过的东西在“直会”[①]的酒宴上分给各村的长老们。长老们则把那些稻谷供品带回村里，和村内祭祀用的供品混合在一起以扩大大神的法力护佑，其结果再把农民当年收获并上缴的一部分初穗作为供品献给大神和地方豪族。自从引进律令法之后，表面上通过租庸调制等税法似乎令地方豪族们的统治得到了保障，但无论是哪个地方豪族＝郡司都不可能光凭律令租税法来完成税收。这样，名目上虽然有了律令法的修饰，而实质上却是继承保持了从前国造们收取租税的作法，即把具有大神灵力的币帛（稻谷等）分发给村人，再把因神灵保佑获得丰收的初穗拿来答谢大神。

律令制国家与币帛颁发制度

前一章讲到律令制国家利用神祇官制度召集各领国主要神社的祝部来到京城颁发币帛，以此来达到律令租税法的实际效果。参照本章上面的内容，可以说，颁发币帛的做法实际上是把地方豪族在下属乡村中举行的仪式上升、整合到国家规模而已。上缴给豪族的租税纳贡通过向神灵献“初穗”的原理得到保证，如果把神灵的地位提高到天皇祖先神，那么向皇祖神敬献“初穗”的行为就成为保障律令制国家租税的一种机制了。

当村长或地方豪族构筑起来的传统方法，即把统治理论掺杂到祭祀中去的方法在国家规模上得到实现时，律令制国家才得以

---

① 前面已有出现。指祭神仪式结束后把供神的馔品撤下来由祭祀者分享的酒宴，以及从供桌上撤下来的食物。

存在。在这种意义上，神祇官颁发币帛的制度实际上是保障国家统治的决定性手段，因此，面对不来领受币帛的祝部们，朝廷要执拗地不停说服他们前来领受。到神祇官厅参加仪式的神社的供奉对象大多数是各领国地方豪族祭祀的神灵，那正是因为考虑到这些分得朝廷币帛的神社会通过地方祭祀，把币帛分发给下面各村的神社，从而能以奉纳初穗的名义向村民们征收租税。

奈良时代前半期，地方豪族及其下属的乡村正是处于这样一种带有咒术性格的未开化的集体社会状态，因此律令制国家能够成功地把集体信仰的神灵收束起来，编制在皇祖神的手下，并以赋予皇祖神的神力为交换，通过"初穗"名目征收租税，实现对国土与人民的统治。

村庄结构上的变化

像这种带有咒术性格且未开化的地方社会到了 8 世纪后半期开始瓦解，这在前面已屡次阐述。下面的一段出自 790 年(延历九年)太政官符的文字也十分典型地反映了这一事实。

> (每年春季举行的丰收祈愿祭祀中)有宴会，近年来，(古来不问贫富长幼全村男女老少都参加的规定逐渐废止)富裕起来的村长和新兴富农们(讨厌辛苦的农事劳作)追求轻松的产业，于是(把参加宴会的任务和一年的农活儿)都交给用钱财从外地雇来的长工去做。同时，同村其他村民日益贫困，(往往连参加祭祀和宴会所必需的稻谷都交不起)但是他们也提供少量的蔬食委托外地长工来完成祭祀。这样，(每村的春

季祭祀及宴会)几乎都成了外地长工分享神灵供品(吃肉喝酒)的节日。

这则太政官符中有言“该种情况令民生凋敝,故而屡禁”,由此可见至少从二三十年前开始已经出现了类似的动向。

在此值得注意的是贫富农各自放弃承担春季祭祀任务的理由,就是在村内逐渐明显化的贫富差距。这种贫富差距产生的原因何在,又是如何产生的呢?

本来,事实上的贫富差距是存在的。像《仪制令》春时祭田条的一种注解中已经提到的那样,收获时按照每家每户收入的多少征收“初穗”,而村长显然要比一般村民富裕得多。但是,在奈良中期之前各村中存在的贫富差距实际上是有限的,至少所有的村民都能够尽到作为一名共同体成员的义务。因此,村长积累的财富一旦超过了祭神的必要限度,便会受到全村人众意的制约和削减。同时,收获季节向收入多的富农征取更多“初穗”的规定也有助于抑制富农的膨胀发展。在村内的一家一户尚未发展成财产所有单位的社会阶段,人们正是通过这种智慧来维持共同体内的平等,以便照顾整体,防止一部分人突出富有。

然而,进入奈良时代以后,律令制国家一旦开始稳定有序地实现社会统治,情况便发生了变化。在律令制国家的组织推进之下,条里制度完备起来,水利设施的建设以及山野田地的开垦在几十年后都步入了轨道,可以说社会的基本设施得到了很大保证。这样一来,村庄的生产力较之以前有了飞跃的提高,出现了向朝廷交纳租税后村庄内部尚有余财的局面。这种动向逐渐形成势头，必然会刺激村长以及富农等已经在一定程度积累了财富的阶层更加积极地构筑私产。

毫无疑问，自古以来的传统不会轻易容忍这种局面出现，我们不难想见习惯了旧法的村民们肯定会奋起反对。但是这正是在村内的家庭尚未成为财产私有单位时期才有可能出现的现象。不过，可以断言，那时候富农的成长正是依靠了上述国家基本设施的完善，因而一家一户才能够拥有独立的家宅、田地，实现独立经营。事实上，阅读8世纪后期以降的公文类文献，经常能碰到反映富农拥有私人田地的事例。因此，这当中，成长起来的村长以及富农们为了拥有并经营私人田地又不遭受其他村人的反对，他们想到的办法就是形式上继续保持自古以来的祭祀和宴会，但实际上把参加宴会的任务和一年的农活儿都交由用钱财从外地雇佣的长工们去承担，结果是从依靠雇佣工收获的稻谷中取最少部分作为"初穗"献给神灵或国家，余下部分全部归为私有。一般的村民虽说越来越贫困，但举行古来的祭祀和宴会时他们同样被要求出具最少程度的蔬食供品以保证他们的尊严，从而消解他们的反抗意识。最终，这些贫困村民便流离失所到其他村庄部落，成为受人雇佣的农夫。

从780年的太政官符中，我们能够十分清楚地看到包括村长在内的富农们迅速成长起来的过程：他们成为私人田地的所有者和经营主体，雇佣外地农夫为自己劳动，从而以一种新的方式成为地方上的小统治者。

私田领主的苦恼

到8世纪后半期，日本各地的村庄里出现了依仗稻谷积蓄等私有动产雇佣外来农夫耕种村内田地的动向，而这些所谓村内田地事实上已经为私人所有。这样一来，对于在整体上组织管理村庄的郡司等地方豪族而言，情况也变得很严重。因为面对已经转化成私人·个体经营者的村长们，原先那种通过传统祭祀分发附有国家或地方神力稻谷的手段不再发挥有效的约束力了。

于是为了打破这种状况，他们也需要积累私有财产和土地，而且数量上要远远超过村长富农们；他们也需要同样雇佣农夫进行大规模耕作，并把村长以及富农们重新编制到自己的手下。纵观奈良末期到平安初期的公文书、太政官符和一些故事，像这种郡司阶层的蜕变可以说是历历在目。

> 田中真人广虫（人名）之女，谶岐国美贵郡大领、外从六位上小屋县主宫手（人名）之妻也。生产八子，富贵多财。多牛马、奴婢、稻钱、田地等。生来无道心，悭贪无给予。

这是《日本灵异记》（卷下、第二十六）中记载的一段话，充分显示出奈良后期谶岐国美贵郡郡司家财产庞大且私营田地的情况。

根据当时的史料，这些新成长起来的地方统治阶层，包括村长在内都被称作“富豪之辈”，他们后来逐渐演化出“私营田领主”的概念。他们用积累起来的私有财产雇人替自己耕种，或者为自己开垦荒地，这在当时一般人的眼里看来的确属于富豪之辈的所为了。而且，他们不断反复这一过程，用私财来雇人并独立经营私田，因此“私营田领主”一词可以说非常贴切地反映了他们的性质。

这样，当时的地方统治者们都纷纷由共同体的司祭者向私有田产领主转化。这种转化情况多种多样，有的是郡司或村长实行自我改造后跻身为私营田领主，有的是旧统治者没落，被成长起来的下属新兴富农取而代之。但是不管怎么说，形成出现的都属于私有田产领主。

那么，当集体共同的司祭者向着私有田产领主发生根本转化时，在这过程中，支配他们行动的价值观势必会出现很大的动摇和迷茫。前面已经讲述过，在各地要求地方神皈依佛教、转生菩萨的主体是郡司以下的地方豪族阶层，其实跟这里所说的价值观问题是密切相关的。神灵们通过神谕昭示的苦恼其实正代表着往私有田产领主蜕变的郡司、村长们自身抱有的苦恼。在这里，让我们再来看一看多度大神的神谕。

> 吾历经久劫，作深重罪业，故受神道之报。今冀永离神身，欲归三宝。

他们长期并且最大程度地利用祭神者的地位积累了私有财产，并迅速地扩大了这种积累。其结果是，他们本该服务于神灵和村民的职责逐渐空洞化、形式化，祭祀沦落为他们中饱私囊的手段而已。这种趋势发展得过于迅疾，以至于连他们自己都不得不意识到这空档的存在，不得不正视现实。由于这个原因，他们才会认识到自己的行为是一种背离神灵之道的罪过，理应遭到神灵和村民的报复。

祈求佛教的救助

尽管地方豪族们的罪业意识已经觉醒，但他们已不可能回到往古那种村庄或地方司祭者的做法。一个人的私有欲望一旦萌发，想要把它消除掉而回到从前的状态是根本不可能的。此时，能解救这种困境的新理论或价值观只有一个，那就是“今冀永离神身，欲归三宝”。三宝＝佛教正是能够消除这一苦恼，提供新的理论根据的价值观。

前面已经讲到，佛教的根本教义是让人们知晓欲望是世间罪业之源，想要赎罪就得苦行苦修、清静六根、断绝欲望，脱离俗世苦海而进入彻悟境界是做人的终极目的。这一观点在从小乘佛教发展成大乘佛教，再发展成密教的过程中，始终牢牢地占据在佛教的根底。当时的地方豪族或村长们已经意识到私有是对集体共同体的神灵以及村民的一种犯罪，在他们看来，佛教从正面提出了私有产生苦恼的问题并提供了从根本上消除这种苦恼的办法，因此他们希望抹去历来利用神身即祭神活动实行统治的自身印象，通过皈依佛法来寻求灵魂的救助。

加之，在大乘佛教中有一条原则，即执行佛陀的教诲，为赎罪开悟苦行苦修的艰巨任务只限于出家僧侣，一般的在家俗人只需通过施舍、供养僧侣便能赎罪获救。这里包含着一个理论，那就是人们只要心念罪过，坚持对佛僧进行供养、施舍，则无论犯下什么样的所有、统治罪过都能够得到抵消、宽恕。这对于开始走向私有田产领主化的地方豪族和村长们来说是最合适不过的理论依据和价值观。他们之所以竞相皈依佛教正是因为传到日本的大乘佛教具有这样一种理论结构的缘故。

密教的起源

但是，最初积极认同地方豪族的这种动向并把他们带进佛教世界的都是属于在民间游行布教的杂密密教和尚，而并非用佛教理论、教义武装了自己的南都六宗派僧侣。这是为什么呢？

本来密教是僧侣自身依靠咒术性的修炼而获得超常的法力，借此法力来赎罪达到开悟的宗教。大乘佛教认为光靠小乘佛教不能让一般在家人皈依佛法，在这种反省之下，上面提到的理论才在公元前2世纪至公元前1世纪的印度产生。但是，理论虽然形成了，佛教徒们为了把它推广到世界上持有不同价值观的其他民族中去，必然要极端地积累各种具体事例，从而反倒把通向开悟的方法理论搞得极具普遍性和抽象性。结果，对于通过祭祀集体共同的神灵追求咒术和奇迹的社会底层民众来说，这种教义实际上变得十分艰深，不可理解。

密教在大约公元1—2世纪形成，它重视咒术性的修行修炼正是出于对上述大乘佛教走向僵化的反思。这样产生的密教根据不同地域可分出很多种类，而且它们各自拥有独自的经文典籍。将某一地区的印度教神灵佛教化，在这佛像和经文前诵念具有魔力的咒语，借以获得法力。密教的这种做法吸引了印度、中国西藏以及中国内陆的人们，到7世纪传到了日本。因此，密教的修行重点是通过佛教化的秘密仪式给僵化了的基层信仰注入活力使其重获再生，而大乘佛教已经获得的普遍性和抽象性在它那儿反倒后退了。这就是通常叫作杂密的密教。

从杂密密教到大乘密教

事实上推进神宫寺建设的是那些身怀杂密修炼道行的游行僧。为什么会是杂密僧侣呢？依我看其原因是不言而喻的。

作为地方豪族们自身的问题，他们已经对自我和私有产生了罪恶意识，他们还通过担任地方官吏等经历，在一定程度上具备了抽象思考的能力，因此全面吸收大乘佛教也并非不可能。只是，那些被他们作为新型劳动力来驱使的人们则同他们村庄的村民一样，曾经都是需要依靠集体信仰的神灵和祭祀才得以生存的。反过来说，都是一些还无法以家庭为单位独立经营生活的人们。正因为如此，想要雇佣这些人为农夫就必须保持自古以来的祭神仪式和祭神宴会。并且，从多度神宫寺的典型例子中可以看出，尽管神灵自身祈愿永远脱离神身，人们却还依旧称之为大神，甚至还宣扬祭神可以增长周围相关诸神的威力。

这种时候，像杂密密教这样具有独特结构——重视咒术奇迹，用法力引导神灵皈依佛法，并能增强神灵威力的佛教自然会发挥巨大的作用。况且，杂密从其思想特质而言，较之大乘佛教，具有更强烈的认可世俗财富繁荣的性格。直接参与神宫寺建造的人们无一不抱着祈祷五谷丰饶、现世生活繁荣的心愿。杂密密教最为有力地表现了这一贯通地方豪族和一般民众的共同愿望，因此游行僧自然就成了创建神宫寺的主要角色。

不过前面已经讲到，起源于杂密密教的神宫寺到了9世纪平安初期也开始向大乘密教靠拢。正如上文已经指出的那样，在大寺院和国家统治势力十分强大的环境下，神宫寺想要维持并巩固自己的地位只有从属于那些信奉普遍密教体系的大寺院才行。

这时候空海起到的作用是决定性的。在这样的脉络中，多度神宫寺成为真言宗大乘密教总道场东寺的分寺院也十分容易理解了。空海从唐朝带来大乘密教，并作为具体的传播场所创立了高野山金刚峰寺和东寺。他这么做正是由于不但体察到了上面所说的地方豪族以及神宫寺的愿望，而且试图给他们一个全面的答复。从多度神宫寺这个典型例子中可以看出，神宫寺对大乘密教寺院的从属倾向越来越明显而具体，那也是因为随着时间的推移，他们逐渐读懂了空海一系列行为的真意就是为了解决他们面临的这些课题。

从这个意义上可以说，是空海从根本上把握住了那个时代低徊在日本社会深层的苦恼，他为了打破这种局面，在由杂密密教势力创建起来的神宫寺基础上引进大乘真言密教，并把它普及到整个日本社会内部，在日本人的精神史上树立了划时代的丰功伟绩。

4　王权势力的说辞和大寺院的回应

综上所述，我想大致已经弄清了两个疑问：为何在奈良时代后期到平安时代初期之间会出现神宫寺？需要神宫寺的是地方豪族，他们为何会如此热切地期望神宫寺诞生？

但这里还遗留有一个问题。那就是，究竟出于什么原因，神宫寺以及需要它们的地方豪族会积极寻求朝廷，即律令制王权的庇护，而王权方面也会积极争取把建造神宫寺的动向收到编制下来呢？在这里，我不避与上文重复之嫌，想对其原因再作一次归纳整理。

王权与地方豪族

地方豪族、村长、新兴富农们打破旧有共同体结构拥有并经营私田的行为，对律令制国家来说，这意味着很危险的动向，以至于需要不断发布太政官符加以压制。当然，与此互为表里的不受币帛的现象也十分危险，它足以破坏律令租税征收制度的实质，因此在整个9世纪一直遭到禁止、弹压。但是，这种新的经营方式才是引起不受币帛现象的根本原因，它与集体制背道而驰的本质决定了从农夫那儿收取来的庄稼谷物将都归他们这些经营主体所有。无论朝廷如何千方百计地送来币帛，他们都不会使用那些稻谷去耕作，所以收获的稻谷也无需分出“初穗”或把其中的一部分作为租税奉纳给国家。因此，对朝廷而言，这种动向无疑威胁着国家的经济基础，比起不领受币帛的行为更加值得警惕，于是，朝廷便不断花大力气进行压制。

但是，话虽如此，地方豪族们已经不可能停止私有和独立经营，再回到原先的共同经营状态了。而要求国家公然承认这种新的经营方式并把它收归到自己的统治基础中去的想法，在那个时代恐怕是不现实的。因为那意味着朝廷要放弃社会底层的共同经营和建立在其上面的律令租税征收制，以及用来实现这一目的的神祇官班币制度。

这样，如果要使朝廷在事实上承认他们的私有经营，就有必要把他们为归依佛法的守护神建造的神宫寺抬高成朝廷公认的寺院，而他们主动请求进入朝廷的监督网才是最现实有效的办法了。这样一来，作为朝廷方面，也能够把背离神祇官班币制度和律令租税征收制度的人心重新聚合起来，并在此基础上摸索出一个办法来把他们的经济活动逐渐编入到王权经济基础中。

支持私有制的神宫寺

前一章举出多度神宫寺的代表性例子，对大多数的神宫寺要求得到王权庇护和王权也积极地把神宫寺编入自己体系中的事实作了阐述，那是因为它们双方各自有着上面所指出的不同实情和盘算。神宫寺的僧侣以及支持他们的地方豪族、村长、新兴富农们正是这样缓解了同进退两难的律令制国家之间的关系，通过国衙[①]向朝廷缴纳一定的租税，作为报偿，神宫寺获得庇护，私田所有者则获得支配私田的许可。为了这些结果，神宫寺甚至打出为天皇·国家的平安繁荣祈愿祝福的旗号。地方豪族们建造神宫寺并接受国家的干预，这是因为他们最渴望的是自己的新型私有方式和土地经营能有一个保障，获得一个精神上、政治上的坚强后盾。

这些愿望一旦以上述形式得到实现后，他们必然要把地区社会的统治者必然面临的种种社会问题、精神课题——比如保佑自然环境稳定、地区社会繁荣以及来世等等都托付给神宫寺来解决了。创建了多度神宫寺的僧人法教代表该寺院以及结缘者说“愿

① 在律令制时代，朝廷派往地方各领国的官员通称国司，国司的官署称国衙，国衙所在地为国府。

风调雨顺五谷丰登，早绝尘网同致菩提”，这番话淋漓尽致地反映出人们对神宫寺寄予的希望。神宫寺是神祇信仰与佛教相结合的出发点，围绕它的出现发生了各种情况变动，有以新的土地私有和人民统治为核心重建起来的新型人际关系、乡村的再建以及生活在那里的人们的愿望等等，各种内容交错重叠在一起。

这样，从8世纪后半期到9世纪中期，地方社会出现了神宫寺，这使得认可私营和独立支配的理论和价值观覆盖了上至王权下至地方豪族、村长等的整个日本社会。当然那时候在一般民众之间个别经营和私有财产还没有构成问题，因此人们对神宫寺的需求还不甚迫切。但是，在地方社会能理解神宫寺意义的土壤的确已经生成，尽管那还仅限于豪族、村长等阶层，而这也为后世神宫寺成为一般民众的寺院做好了前提准备。

密教笼罩下的南都北岭①

在本章的最后，我们想来看一看那时候非密教系统的寺院有什么动向。神宫寺的出现、地位确立以及被编制到空海传来的密教体系中，这一趋势构成了当时的时代大潮，对此非密教系统寺院也不可能无动于衷。自飞鸟·奈良时代就存在的南都六宗寺院，如兴福寺、元兴寺、药师寺、大安寺等等，或者比如由最澄依靠王权于平安时代初期创建起来的平安京镇守寺院——比叡山延历寺等大寺院也都逐渐认识到不吸收密教就难以延续香火的事实。

---

① 奈良时代的首都平城京（奈良）在平安时代首都平安京（京都）的南边，故两都相对称南都·南京和北都·北京。南都北岭泛指南都的诸寺院和位于平安京附近的比叡山诸寺。有时特指代表两地域的主要大寺兴福寺和延历寺。

最澄引进大乘佛教天台宗作为护国宗教，创建延历寺并独自筑起戒坛。尽管法华经是天台宗的根本大法，但在与空海争夺主导权的过程中，最澄充分认识到了接受密教的必要性。诚然，最澄在引进天台宗的同时也吸收了若干杂密系统的密教，但在体系上无法与空海集胎藏界、金刚界曼荼罗为一体的大乘真言密教所具有的咒术法力相匹敌。最澄把一名嫡传弟子泰范派到空海那里学习密教体系，谁知泰范自己竟投到空海门下成了空海的弟子，最澄在失望中去世。

这期间，真言密教不光把各领国的神宫寺收编入自己的系统中，还试图对南都的诸多寺院产生影响。而对延历寺来讲，它是王权的新的精神支柱，但它面临着一个最大的课题，就是要系统性地学习吸收密教，建立起能够与真言密教相匹敌的独自的体系。这样，延历寺派遣了许多僧侣前往中国，在加强钻研最澄传来的天台宗教义（显教）之外，还不断努力吸收惠果以后的新的密教体系。

838 年（承和五年），圆仁（慈觉大师）来到中国。圆仁寻访五台山吸收了最澄以后发展起来的天台思想的最高成果，之后奔赴大乘密教的总道场青龙寺，在那里跟随继承惠果衣钵又开创了独自境界的义真等僧人系统性地学习大乘密教。874 年（承和十四年），圆仁结束 12 年的留学生活回到日本，他为了对抗以东寺和高野山为根据地的真言密教（东密）①，尝试着在王权阶层和地方社会中积极推广天台密教（台密）②。然而，光凭圆仁传来的密教

① 以京都的东寺为总道场发展起来的真言密教，空海为开山鼻祖。

② 在日本天台宗内传承的密教。最初由最澄、圆仁、圆珍从中国带回，以延历寺、园城寺为中心发展起来。主要流派有 13 支，通称台密十三流。

还根本不敌真言密教，明白这一事态后，延历寺再次掀起了“入唐”热。

圆仁回国后过了六年，即853年(仁寿三年)，圆珍(智证大师)来到中国。他在青龙寺师从惠果的嫡传弟子法诠阿闍梨学习了全部教义并随曼荼罗和修行法术。858年(天安二年)，圆珍结束五年留学回国，从此台密具备了与东密旗鼓相当的实力。这期间的经过非常鲜明地展示了一个事实，那就是延历寺为了构筑起独自的密教体系前前后后付出了如何巨大的努力。

同一时代，还有仁好・惠萼・圆载・惠运等众多的僧侣远渡唐朝，把显教和密教都带到日本。除了天台宗和真言宗的寺院，他们有的进入古老的南都寺院，有的新建寺院如安祥寺之类，不断普及大乘密教。这样，到平安前期的9世纪末，日本全国的寺院以及神宫寺都被以东密、台密为主的大乘密教所覆盖了。奈良中后期开始出现地方社会呼唤神宫寺的地壳变动，是这一变动导致了大约一百年后密教覆盖整个日本社会的情形。

正是如此，神与佛的结合是在各种社会背景错综交错的情况下出现的，它将随着历史的演进向着纵深复杂发展。与王权有着千丝万缕联系的神佛结合到了10世纪将迎来一个重大问题。那就是下面一章即将提到的“冤魂”问题。其中扮演最主要角色的便是菅原道真。

第三章　冤魂信仰的含义

凭借超常出众的学识受宇多天皇提拔的菅原道真(845—903)到了醍醐天皇的时代依然受到重用,官至右大臣[①]。但是就在升任右大臣后不久,遭到左大臣藤原时平为首的官僚们的忌恨和反对,被朝廷流放到太宰府[②],两年后即903年(延喜三年)郁郁而死。根据《北野天神缘起》[③]所传,道真死后不久的一个夏夜,他的冤魂出现在尊意(道真学佛之师。传当时40岁左右)居住的比叡山的僧房内,并诉说如下。

> 我得梵天·帝释天之命,故神祇亦不可谏止。我欲入花洛(指京都),近王城,诉流放之艰,报深重之怨。然足下长于法力,恐有敕诏命汝降我。但念汝与我深结师徒之缘,乞请辞退敕诏。

---

① 律令制下太政官府的长官之一,位次于太政大臣和左大臣。职务与左大臣相当,具有统理众务、举持纲目、总判庶事的权力。唐名又称右丞相、右仆射等。

② 律令制朝廷安置在筑前国(今福冈县西北部)筑紫郡的官署,管辖九州和一岐、对马两岛,兼掌防卫、外交之职。又称镇西府。

③ 长篇画卷,反映菅原道真的传记和北野天满宫的由来以及显灵传说。最初版本成立于13世纪的镰仓时代。

结果尊意答复如下。

师徒之缘三世而定，故虽遭剜眼拔舌亦定当辞退敕诏。然现世普天之下莫非王土，敕诏若及三度，我亦无计可辞。

听这一番话，道真脸色立变，他嘴里含一口尊意招待来客的石榴，把石榴籽奋力吐向身边一扇门上，就消失了身姿。据传，那包含着道真满腔愤怒的石榴籽化作了火焰烧毁了那扇门。

这个传说带有多少真实的背景我们无法确证。不过，尊意的卒年通过《天台座主记》[①]可以确证，940 年去世，时年 75 岁。因此传他 40 岁的年份当在 905 年（延喜五年）前后，离道真去世的 903 年不远，这一点与《北野天神缘起》的记述相符。其实朝廷在道真死后也立即采取了行动，于 903 年 4 月 20 日向道真之灵谢罪，给他官复原职甚至追加一品，又烧毁当时下令流放道真的文书，并敕封他为"火雷天神"（《扶桑略记》[②]同日条）。了解了这样一个事实，我们就不难推测：随着菅原道真的死，当时的人们开始对怀恨离世的鬼魂——冤魂有了认识。这样一考虑，前面举出的传闻基本上可以判断是生成于 905 年前后了。

由此我们看到，10 世纪初有一些人在政治斗争中败北而死于

---

① 天台座主指比叡山延历寺的住持。《天台座主记》为记录该寺住持的生卒事迹等的文献。

② 平安末期成立的史书。为记载从神武天皇到堀河天皇时期的编年史，由汉文写成。关于编者有几种说法，其中一人推断为比叡山僧侣皇圆。原书为 30 卷，现仅存 16 卷残缺本。

非命，他们的亡魂心怀怨恨，试图复仇，被称为冤魂，成为人们畏惧并想方设法降伏的对象。不过在此更希望引起读者注意的是，道真的冤魂自称得到了梵天·帝释天以及日本固有神灵的护持。梵天和帝释天毫无疑问属于密教之神，因此对冤魂的信仰也可以看做是以密教为媒介形成的神佛结合的一种表现。

那么，通过道真的亡魂十分典型地表现出来的冤魂信仰既然是神佛结合的一种形态，那么它究竟是以什么方式出现在日本历史上呢？又具有怎样的历史意义呢？首先来看一看道真的冤魂是在怎样一个环境条件下登上历史舞台的。

1　什么是御灵会

御灵的出现

我们知道，早在古代的神祇信仰中就已经有祭奠亡者灵魂的做法。但那时候人们一般认为亡者的灵魂会加入到更早先死去的亡灵群体中，成为共同祖先神的一员，因此不会以特定个人亡魂的形式出现。

但是，到了奈良时代中期，在王权中枢出现了在权力之争中败亡的特定人物，人们开始认为他们的亡魂会含恨作祟。据《日本灵异记》(卷中、第一)记载，729年(天平元年)长屋王受谋反嫌疑自尽，他的冤魂在事件发生之后很快引起了世间的注意。还有在746年(天平十八年)，僧侣玄昉在迅速失去权势的失意中死去时，贵族当中纷纷传闻那是六年前的740年(天平十二年)因叛乱遭诛杀的藤原广嗣的阴魂报复。尽管如此，在当时，失败者的冤魂作祟的范围还仅限于宫廷贵族内部，在整个社会上的影响还不大。

然而到了奈良末期平安初期以后，这些王权反叛者们的冤魂，开始由包括社会底层在内的广大民众来祭祀。各种为镇抚冤魂的佛事法会频繁举行，但这些佛事法会一方面却似乎具有煽动助长怨恨意识的作用。积极举办佛事法会的人们怀着敬畏之意把冤魂称作“御灵”[①]，佛事法会本身则被称作“御灵会”，由此往后冤魂信仰逐渐带上了社会政治运动的色彩。

从《日本三代实录》[②]的贞观五年（863）5 月 20 日的记载中我们可以相当清楚地了解到御灵会形成的具体经过。那里面说道：

> 所谓御灵，即崇道天皇（桓武天皇之胞弟、早良皇太子）、伊予亲王、藤原夫人（伊予亲王之母・吉子）、观察使（藤原仲成）、橘逸势、文室宫田麻吕等亡灵。皆为图谋政变而遭诛之人众，其含怨之魂势力渐长。目前世间多发疫病，死者甚众。天下皆以为由御灵怨恨所致。

---

① 加前置词“御”表示对鬼魂、亡灵的尊称，后来特指那些会带来祸祟的亡灵。

② 日本六国史之一，共 50 卷。记载了清和、阳成、光孝三代天皇在位时期的历史，编年体体裁。901 年由藤原时平、大藏善行等奉敕编成。本段所引汉文史料相对易读，故引用原文如下，以便读者了解日本汉文的体裁。“所谓御灵者，崇道天皇、伊豫亲王、藤原夫人、及观察使、橘逸势、文室宫田麻吕等是也。并坐事被诛。冤魂成疠，近代以来，疫病繁发。死亡甚众。天下以为此灾御灵之所生也。始自京畿，爰及外国，每至夏天秋节，修御灵会，往往不断。或礼佛说经，或歌且舞。令童贯之子靓妆驰射。膂力之士，袒裼相扑。骑射呈艺，走马争胜。倡优缦戏，递相夸竞。聚而观者莫不填咽。遐迩因循，渐成风俗”。

盖冤魂之信仰,先起自京畿一带,如今传遍诸国。每年自夏及秋,到处举办佛事法会·御灵会以祭祀御灵,时而延接不断,长达数旬。供奉御灵如同佛祖,诵念经文,加之歌舞,又美饰童子马上射箭竞技,选拔勇者令相扑比试,赛马献技气氛热闹。观者众多,摩肩接踵。

如此御灵之会,始自京畿一带,流行至全国各地。形式内容逐渐完备,如今业已成为一大民间祭礼。

御灵会的形成过程

上面的记述清楚地显示,第一个作为政治斗争的牺牲品被民间供奉为“御灵”的人物是早良亲王。他被认为是785年(延历四年)刺杀长冈京[①]敕造御使藤原种继的罪魁,以莫须有的罪名,被剥夺了皇太子地位而流放到淡路(今兵库县淡路岛),在途中绝食而死的。但是,七年后的792年(延历十一年)桓武天皇为了避免冤魂作祟,整修了淡路岛上的早良墓,从此以后朝廷祭祀早良亲王的风气日盛。797年(延历十六年)桓武天皇派两名僧人前往淡路的早良皇太子陵诵经悔过,向冤魂谢罪。800年(延历十九年)又追赠“崇道天皇”称号,805年(延历二十四年)下令诸国建造小仓,交纳租税稻谷四十束作为崇道天皇的忌日以及临时祭奠用的币帛。此外还令人抄写一切经献给亡魂,806年(大同元年)又为超

① 桓武天皇先由平城京于784年迁都至长冈京,因敕造御使藤原种继被杀等事件,又于794年将都城迁至平安京,即京都。长冈京皇宫中心部在今京都府日向市一带。

度崇道天皇，命令全国国分寺[1]的僧侣于春秋二、八之月各诵读金刚般若经七天。等到桓武之子嵯峨天皇即位之后，810 年（大同五年）又为超度崇道天皇，令百名俗众剃度出家，成为专门祭祀崇道天皇的僧侣。我们现在还无法弄清楚：早良亲王的冤魂本身和心怀不满的社会底层民众究竟怎样联系起来的？但不难估计到，这一系列的运动背后有一股暗流，那就是有人对早良亲王的惨死深怀同情与共鸣，在全国各地盛传冤魂之说，把亲王之灵捧为御灵，借以找到反抗王权的立足点。另外，还出现了利用敢把王权相对化的密教来祭奠崇道御灵的动向。由此来拷问陷害崇道致死的王权当事者之罪并实行报复的动向。这种动向往往以人力不可抗拒的形式显现，因此各种各样的诵经活动、佛事法会竞相举办，以消灾除难。

正是这样，自奈良时代开始萌芽的政治斗争失败者们的冤魂，逐渐发展成为一种社会政治运动的象征，这种社会政治运动的内容往往是要求造成他们失败身亡的罪魁祸首赎罪偿命。这其中，佛教，特别是密教是促使运动成为可能的思想媒体，所以谢罪主体一方的王权阶层也不得不利用佛教来回应。

我们看到，围绕早良皇太子＝崇道天皇的御灵出现了上述种种动向，那么关于 807 年（大同二年）以谋反嫌疑被处死的伊予亲王及其母亲藤原吉子；810 年（弘仁元年）在平城天皇践祚之际爆

---

[1] 741 年（天平十三年）按圣武天皇敕愿为祈祷五谷丰登、国家平安，在全国各领国建造的护国寺院。正式名称为“金光明四天王护国之寺”，奈良东大寺为国分寺总寺。

发的药子之变[①]中当作首谋被击毙的观察使藤原仲成；以及在842年（承和九年）的承和之变[②]中被问发动者之罪而后死于流放地的橘逸势；还有在843年（承和十年）因部下的告密被当作叛贼死于流放地的文室宫田麻吕等等，情况都差不多。他们的亡魂通过同样的途径被奉为御灵，而且随着御灵数目的增多，他们的反王权性格也越来越强烈。

如果再回过头来看一看前面所举的《日本三代实录》，就会发现这段关于御灵会形成的记述非常耐人寻味。因为里面讲到，人们以为疫病蔓延和死者的大量发生都是由于上述六人御灵的怨气作祟，这种说法一开始是从京畿地区传开，渐次传播到其他各地方领国。

这不难让人想到，首先在皇城脚下的是那些政治斗争失败者的遗老遗少、被排挤出王权路线而压抑愤懑的贵族们，是他们和那些试图把王权相对化的密教僧侣们联手，将御灵的怨恨同社会中潜在的对王权统治的不满情绪联系起来，策划了一场反王权的社会运动。这当中，他们把瘟疫死亡的蔓延归结、宣传为不祭御灵的后果，其理由很显然，因为只有这样做，才能把同情御灵悲剧的王权受害者和恐惧疫病死亡的一般民众广泛地组织起来，同时还能让他们了解御灵的悲剧和王权的残暴。此外还有一个目的，那就是通过这种做法来躲开来自王权的正面压制。

---

① 810年（弘仁元年），平城上皇的宠妃藤原药子及其兄长仲成共谋平城迁都以及上皇的重祚，结果被嵯峨天皇一派发觉，仲成被刑死，药子自杀。

② 842年（承和九年）7月，伴健岑、橘逸势被指责有谋反企图遭流放，同时有废立太子的事件发生。一般认为该事件是藤原良房一手策划的政治阴谋。

御灵会的情形和意义

那么,在京城近畿地区乃至全国范围内扩散开来的御灵会上,祭祀活动是如何进行的呢?对此,《日本三代实录》中的描写不可谓不具体。

首先,上面记载说把御灵供奉如同佛祖,在其面前诵经说法。这明显地告诉我们,举办御灵会的目的,不外乎通过诵读佛教经文来安抚饮恨泉下的亡魂,引导他们进入佛祖的世界,尤其能够在密教世界里超度成佛,同时昭示把他们逼上死路的王权之罪恶。

此外,御灵会上还举行歌舞、骑射、相扑等多种多样的活动。通过这些娱乐活动一方面能够慰劳受冤的御灵,同时还能让聚集到会场的各色人等排遣平日的烦恼不满,具有烘托御灵怨恨、激发在场者同情的共鸣效果。

这样看来,虽说引发御灵会的震源是失败冤死者的遗族和对他们产生共鸣的没落贵族,但把这种情绪与社会上对王权的不满结合起来而导演出这一独特法会的却是密教僧侣。可以说密教僧侣自从崇道天皇的御灵信仰产生以来,始终是失败冤死者遗族的精神上的理解者和响应者。他们通过把社会上潜在的神秘的灾祸观念和密教的赎罪报应观念相联系,使原本仅限于受害者的怨恨情绪一下子膨胀上升为反王权的社会运动。

然而,他们之所以能够面向广大社会阶层掀起这场运动还是因为如前一章所述,从奈良末期、平安初期开始,在地方豪族的层面上发生了吸收佛教思想的地壳运动。如果说脱离神身、创建神宫寺的动向,实际上是地方社会在认识到个体私有的罪恶之后借王权之手来解决自身内在课题的一种方法，那么御灵信仰则可以看成是他们针对外在的王权压迫，利用超越于固有神祇之上的密教进行抵制的一种手段。御灵会与脱离神身、建造神宫寺的现象表里相关，也正是该时代逐渐产生的神佛结合的一种形态反映。

此外，对于御灵会上表演的各种技艺应该怎样看呢？我以为，它们在根源上与古代社会的共同祭祀中取悦神灵的娱乐表演一脉相通，而结合密教之后又吸收了诸多的外来影响才更加丰富发达起来的。

为镇抚御灵煞费苦心的朝廷

从民众中间产生起来的御灵会一旦蓬勃发展起来，代表王权的朝廷便显出穷于应付的狼狈之相了。前面提到，脱离神身、建造神宫寺的问题尽管也显示出背离王权神祇编制的倾向，但一方面却还需要王权的支持。御灵会则跟这些不同，它表现了一种彻底的反王权态度。

正因为这样，从最初作祟的御灵，即崇道天皇的阴魂横行之时开始，王权只能一味谢罪以求太平。但是，当人们把天灾人祸看成御灵报怨的结果，并发展到举行御灵会超度御灵的阶段时，王权便很难介入其中更不必说镇压了。因为御灵会在暗地里无论怎样地积蓄着反王权的能量，表面上却始终贯穿着消除天灾的理论。就这样，自 9 世纪初直到 9 世纪中叶，御灵会在全国各地到处出现。

当时朝廷的情况是，858 年（天安二年）九岁的清和天皇即位，由外祖父藤原良房任太政大臣摄政。次年 859 年（贞观元年）朝廷将九州宇佐八幡宫的神灵接迎到京都西南方的石清水神宫，奉为天皇和皇城的守护神，然而这过程中御灵会活动依然如火如荼，加上疫病死者的大量出现，其发展势头更加不可遏止。

到了这种地步，王权在 863 年(贞观五年)被迫开始正式处理御灵会的问题。这一年据说从年初流行性感冒爆发，百姓大量得病死去。朝廷趁此机会于 5 月 20 日主动举行御灵会。在皇家禁苑神泉苑设下崇道天皇等六人的御灵灵位进行礼拜，并供奉花果熏香，延请高僧慧达讲说金光明经、般若心经等，还命雅乐寮①奏乐，令侍奉天皇的俊美男童以及良家子弟表演唐朝、高丽舞蹈，以及杂技散乐等等。指挥安排这次朝廷御灵会的是藤原良房的继嗣藤原基经等人。除天皇之外所有的王侯贵族都来参加御灵会，不仅如此，还敕诏命令神泉苑仅限当天大开东南西北四门，允许都城内外的老百姓自由出入观看法会盛况(《日本三代实录》同年同月同日条)。

贞观五年朝廷举办的这次御灵会完全采取吸纳了民间御灵会的形式，但在规模上大大超过了后者，此外，从都鄙百姓人人都可自由参加这一点来看，也足以看出朝廷企图把民间御灵会完全吸纳到自己体系中来的用意。再有，诵读的经文中同时包括了护国经文《金光明经》和密教根本经典之一的《般若心经》，从中又能解读出朝廷试图把御灵已经被密教正当化了的反叛心扭转成护国心的良苦用心。王权出面举行御灵会的主要目的就在于吸收民间力量，将人们的反叛心转化成护国心。

但是光采取这种手段，不可能根绝充满民众反叛意志的御灵

---

① 律令制国家中掌管宫廷乐师、歌舞教习的官署，隶属治部管辖。

会。从这年以后的一段时间,朝廷基本上每年都举办御灵会,然而二年后的6月14日却以京畿七道[①]的诸领国为对象发出了禁止民间御灵会的命令,这恰恰显示出朝廷对御灵会统制作用的局限性。之后,民间的御灵会依然色彩纷呈地举行,而朝廷主办的御灵会却渐渐消失了踪影。

御灵会出现的社会背景

在奈良末期平安初期生发起来的御灵信仰·御灵会为什么会超越受害者遗族的范围,给京城和地方上的广大民众提供了反抗王权的精神依据呢?让我们来看看这里究竟存在着怎样的社会背景。

第一,在这个时代藏人所[②]、检非违使[③]等令外官僚逐渐成长抬头,律令制国家在制度上作了一定程度的修正,比如废止合并律令官署,以及配属部分官署给上面两官署管辖等等,其结果,自大化改新以来在律令制朝廷也一直享受世袭职务的名门望族陆续走向没落。典型的例子可以举出被藤原(中臣)氏夺取了神祇官实权的忌部一族,在检非违使势力抬头的情况下失去军事实权的大伴、物部两家,还有因藏人所的设置渐渐被排挤出王权中枢的橘氏一族。这些没落贵族对于在王权中枢的权力斗争中送命的失败者想

---

① 泛指全国。京畿指首都京都的周边,七道指东海道、东山道、北陆道、山阴道、山阳道、南海道及西海道。

② 藏人指天皇身边的侍从,掌管传达宣旨、进奏、仪式执行等宫中大小事务,其所属官署称“藏人所”,平安初期设置。

③ 平安初期设置的令外官署,相当于今天的法院和警察署的合体。其构成官吏称检非违使,担任京城中违法违规事件的追捕、诉讼、行刑等职务。

必抱有很大的共鸣感情。

第二可以想到的社会背景，首先在京城就是生活在这些没落贵族身边的无数下人。他们不光自身利益遭到损害，而且生活环境使他们多少能了解政治斗争的内幕，因此是他们最能理解受害者遗族和没落贵族们的心声。其次在地方上值得列举的是旧豪族阶层。前面一章已经论述，当时土地田产的私有现象已经形成，而且人们往往通过巴结大贵族或大寺院来保障他们的私有财产；但是反过来，这现象背后还存在着不少没能实现私有，或者遭受国司王权的欺压，结果连个人私田都被强行收公的人。而且，就算他们一时幸运能进入某个权贵的保护伞而使私财得到保障，但该贵族的地位一旦下降，他们的私田随时都有被王权吞并的可能。这样一来，一心构筑私有财产的富豪之辈、私营田产的领主们对光承认个别私有的王权一致暗暗抱有不满和愤懑。再者，他们已经能够通过佛教认识到私有的罪过，因此当个人成为王权的牺牲品时，面对这亡魂抱有的怨恨，他们已经具备了充分理解而产生共鸣的心理条件。我们能够充分想象到，他们不仅积极回应密教僧人等的鼓动，而且还主动向手下的人们宣扬不祭御灵招致天灾疫病的道理。

形成于奈良末期平安初期的御灵信仰·御灵会和脱离神身、创建神宫寺的动向具有相同的社会背景，我们可以说后者助长了私有制的形成并以宗教手段从正面支持了王权对局面的控制；而前者则对这时代变革过程中产生的负面问题提供了宗教上的解决方法。这么看来，密教担负起把御灵信仰·御灵会合理化、正当化的任务也属于历史的必然归结了。

2　围绕道真冤魂的各种传说

菅原道真的冤魂:御灵信仰发展过程的一个形态

菅原道真的冤魂传说是在上文描述的御灵信仰形成基础上出现的一个发展形态。道真的冤魂不像一般受王权迫害死于非命的冤魂那样仅止于控诉王权的无道,而是通过更加严密的密教理论武装,达到了比御灵会更为强烈的实践效果,因此可以说它突破了历来的御灵信仰框架。那么,这种突破具体表现在哪些地方,为什么会出现呢?

道真夺走仇人之命

在天台僧尊意遇见道真冤魂的数年之后,908 年(延喜八年)10 月 7 日策划流放菅原道真的一名主谋藤原菅根死去,时年 54 岁,朝廷上下盛传这是道真的冤魂报复(见于《日本纪略》[1]、《北野天神缘起》)。这一传闻到第二年愈演愈烈。据《扶桑略记》、《北野天神缘起》记载,发动流放道真事件的主要人物藤原时平长期卧病在床,服用天竺舶来的灵药或延请阴阳法师做祈祷都不见效,最后招请了闻名于世的修验道僧人净藏前来作法加持。净藏是文章博士三善清行的儿子,也是宇多法皇的佛门弟子。结果,当 4 月 4 日清行到时平宅第来探望时,看到道真的冤魂化作两条青龙显形在

---

① 编年体汉文史书,记录从神代到后一条天皇时代为止的重要史实。共 34 卷,撰者不详。

时平的左右耳旁，并告诫如下。

> 我蒙冤罪遭流放，送命大宰府。如今得天帝（梵天・帝释天）裁许，欲施报复于怨敌。然尊阁之子净藏屡屡作法护佑时平，实为徒劳之功，宜加制止。

能够操纵鬼神且对冥界的情况了如指掌的清行立刻理解了冤魂之意，他命净藏退出时平宅第，自己也随即离开了。此刻，时平便断了气。当时，人们都认为是道真的冤魂在逐个报复昔日陷害自己的仇人。

三善清行与道真同是文章道出身的官吏，他年幼道真两岁，宇多天皇掌权时代地位一直处在道真之下，因此内心深怀不满。899年（昌泰二年），道真被提拔为右大臣，而三善清行认为道真的晋升不合门第身份，居然写信奉劝他上表辞退官职。当时书信中的措辞与后来下令左迁道真的诏书十分相似，由此不难推断出901年（延喜元年）根据时平、菅根等人的上奏而起草天皇诏书的就是三善清行本人，是他在道真迫害剧中扮演了推波助澜的角色。因为有这些疙瘩，估计清行才把儿子净藏送到宇多法皇身边修炼成一名掌握真言密教的修验僧，以便保护自身，躲过道真冤魂的复仇。

然而从前面的文献可以看出，净藏的法力对道真没能起到作用。此时清行的狼狈便非同一般了。他预感到道真冤魂的复仇会加剧，于是把另一个儿子即净藏之弟道贤也送到宇多法皇那儿剃度出家，还让其深入金峰山继续修炼真言密教，试图培养出一名能够对抗道真亡魂的修验僧。做了这样那样的防卫之后，看来清行终于逃脱道真冤魂的报复，于 918 年(延喜十八年)享尽天寿离世，时年 72 岁，比时平晚死九年。

清凉殿里的霹雳

道真冤魂夺走时平性命后的复仇势头有增无减，他把时平的子孙后代也一个个逼上死路，甚至于 923 年(延长元年)断送了醍醐天皇的皇太子保明亲王的年轻性命(《日本纪略》)。

那时候，世间形成了一种认识，认定道真的冤魂已成为帝释天的弟子，帝释天是密教最高神大日如来的化身，而道真则成了能够操纵飞龙雷电降灾作乱的观自在天神。于是当 930 年(延长八年)6 月 26 日一个霹雳击中清凉殿时，人们都深信那是道真冤魂＝天神派“火雷火气毒王”降下的灾难。

根据《日本纪略》记载的同日内容说，过午，自爱宕山①升起黑云，顿时大雨如注，很快又雷声大作，清凉殿坤角的第一根廊柱被雷火击中。结果，伺候在殿上的大纳言②藤原清贯被烧穿胸膛而死，右中弁③平希世的脸部烧烂。其他在紫宸殿上的人群中，右兵卫佐④美努忠包被烧光头发致死，纪荫连烧焦腹部，安曇宗仁烧毁双脚倒地，上下一片惊慌。这次雷击事件终于使天皇一病不起。

---

①　位于京都西北部，海拔 924 米。山顶有祭祀雷神的爱宕神社。

②　律令制朝廷中仅次于右大臣的高官。又称亚相。

③　律令制官名之一。属于弁官。弁官直属于太政官厅，分左右两部。左弁官掌管中务、式部、治部、民部四省，右弁官掌管兵部、刑部、大藏、宫内等四省。左右弁官自上而下又分大弁、中弁、少弁等。

④　律令制朝廷中担任皇宫警卫、朝仪仪仗、天皇出行随从等的官署。兵卫府分左右两部，各部成员冠有督、佐、卫、志等职称。右兵卫佐即右兵卫府的副官。

除上述内容之外,《日本纪略》没有作太多的评判,但《北野天神缘起》在上述记载之外还可见如下评论。

> 此乃天满大自在天神十六万八千眷属中,第三使者火雷火气毒王之所为也。其日,毒气始侵延喜圣主(指醍醐天皇,延喜为年号)之龙体。

这里很明确地指出,清凉殿的落雷是天满天神(道真冤魂)的第三使者火雷毒神的所为,他放出的毒气于当天开始危害醍醐天皇的身体。从记录的上下文来看,应该说当时的人们在事件发生后马上就产生了这种认识的。

这样,天神的复仇之手终于伸向王权的中枢场所清凉殿,进犯天皇的侍臣们,让流放道真的君主醍醐天皇本人也陷入了灾病。通过《日本纪略》我们可以了解到,同年7月15日天皇咳病发作,8月25日右大臣定方到延历寺诵经祈祷天皇病愈,9月22日天皇让位给皇太子宽明亲王(后来的朱雀天皇),同月29日醍醐天皇落发出家后辞世。关于这一段经过,《北野天神缘起》在描写中自然都强调了道真所起的作用。

如果用无道的手段致人屈死,那么亡魂一定会对加害于他的罪人们施予报复,就连处在世俗最高地位的帝王都不放过。这种观念覆盖了当时整个日本社会。起源于御灵信仰的冤魂爆发出来的怨愤已经超出了用御灵会等祭祀可以平息镇抚的程度,它对直接的加害人实施索命报复,甚至把位居王权顶点的帝王也逼入死地,这都说明其反叛王权的性格已经达到登峰造极的地步。这些关于道真冤魂复仇的传说当然都不可能是客观事实，但是时平的死亡、雷劈清凉殿以及由此引起的醍醐天皇驾崩在时间上的巧合，不可避免地给当时的人们提示了一个共同的认识指向，即所有发生的不祥事件都由道真的冤魂引起。这种理解事物的心理结构在那个时代是普遍存在的。而使人们对道真的冤魂认识成为可能的逻辑根据，则正包含在道真冤魂在僧人尊意面前诉说的一番话中，那就是来自佛法和神祇信仰两方面的支持，也正是经过密教理论化的神佛结合思潮表现出来的一个发展形态。我们知道冤魂信仰本来就包含有反王权的社会政治运动的因素，而在那时则代表了神佛结合思潮的一段流向特征，让人们相信屈死的冤魂具有夺取王权性命的力量。

日藏、冥界中的道真和醍醐帝

道真冤魂活动的这种过激化从反面证实了目击时平死状的三善清行具有冷静的判断力，并且是认清现实真相的。关于怎么会出现道真冤魂复仇事态的原因本书将放到后面论述，这里首先想着眼的是清行之子道贤在修行得道后游访阴曹，听取了道真心声和醍醐帝诉说的故事。这段故事详细记载在《日藏梦记》[①]里。

916 年(延喜十六年)，12 岁的道贤奉父亲清行之命深入金峰山出家修行，一心苦练，甚至在两年后清行去世时都不曾出山进京。这样过了 26 年，941 年(天庆四年)8 月，世间频频出现了预示

① 又名《道贤上人冥途记》。主要描写密教僧道贤上人死后游历天界地狱，见到菅原道真及其仇敌们的经过。后世多用此来说明北野天神(菅原道真死后的化身)及神社的由来。收于《神道大系》。

天下动荡、妖孽作怪等的不祥占卜，道贤为了搞清不祥兆示的原因而独自登上名为笙之岩屋的洞穴，闭关参悟，一时气绝。此时，却见金峰山的本尊藏王菩萨显形，把他带到远方一处山洞内。双方正在问答交谈时，天际出现了已化身为神佛的道真，即太政威德天神一行。太政天神的宫殿富丽堂皇足以压倒世间皇城，而天神面对道贤自称是菅原道真之灵，并把蒙受冤屈流放惨死以来的愤恨诉说如下。

> 因蒙受冤屈我被迫抛妻别子，起初心头愤恨难以抑制，欲以我苦恨之泪淹没国土，毁灭我君臣、人民，于八十四年后重建国土，为我所居。幸得我日本国有普贤、龙猛所传之密教，令我心有所慰藉，昔日怨愤消去十有其一。然我麾下有十六万八千眷属，多为恶神，肆虐各地，我无以阻拦。但如若造我之像，冠以名号，殷勤祈请，众神之怒可息矣。
>
> 道贤上人，我从藏王菩萨提示，自大日如来与胎藏界各取一字与你为名，名曰日藏。

听毕这番话语，日藏（道贤）一旦返回金峰山，尔后又从藏王菩萨游历斗率天宫，再下至地狱。看到地狱中一处名唤“铁窟”的地方有一间茅屋，里面蜷缩着形同灰烬的四个人。其中除了一人身上稍挂褴褛之外，其余三人都赤身裸体。狱卒告诉说穿衣者是醍醐天皇，其余三人为其臣下。此时衣衫褴褛的醍醐天皇把日藏招呼到身边说了下面这些话。

> 我为金刚觉大王（宇多法皇）之子，如今在此铁窟受苦。太政天神为报仇雪恨不惜危害众生。而其报应皆集我一身之上。为我乃天神怨恨所生之源，故今受此等苦罚。我使天神蒙不白之怨左迁谪放，我犯下五宗大罪。此外尚有众多罪行，故必受无边之苦。望汝归还后奏明圣上（朱雀天皇），早救我身于苦难。并告摄政大臣藤原忠平，宜建造一万率都婆（佛塔）为我袯除苦业。

后来日藏又听从藏王菩萨的指示前往满德法主天神（宇多法皇）之处，听说了"是太政天神（道真亡灵）的第三使者火雷火气毒王落下雷火，击中清凉殿，烧死天皇的侍臣，让醍醐帝身坏肉烂并命归黄泉的也是太政天神"。

如此这般的冥界之行结束后，日藏回到笙之岩屋死而复生。并对前来迎接的五名僧人详细讲述了自己的经历体验，让他们记录下来了。

日藏在道真冤魂跳梁最厉害的时节试作冥界之旅，他听到了道真亡灵的愤怒心声，也听到了醍醐帝承认己身过错的坦言，以及在背后静观的宇多天皇的分说。这样看来，日藏的修验行为正好表明了道真冤魂的横行是有其道理且无法防御的，它同时又具有把那些打着道真冤魂的反王权活动加以正当化的深刻意义。可以说日藏冥途之行收到的效果远远超出了其父三善清行的预料。

3 从反王权的象征到王权守护神的转变

支持叛逆的原由

日藏游历冥途的传说发生在平将门之乱刚刚平定下来的一年之后。叛乱刚刚平息甚至就有这样的风闻传说，难怪道真的冤魂会为平将门之乱的正当化捉刀代笔。在此不妨再回想一下本书序章开头引用的《将门记》一节。939 年 12 月，叛军占领上野国府，紧守四方城门，举行对各领国的除目授官仪式。这时出来一个自称八幡大菩萨使者的巫女，口中念念有词宣称八幡菩萨决定“把自己的地位授予荫子平将门”，接着又出现菅原道真的亡灵，把写有帝位授予内容的诏书传给了将门。由此平将门登上帝位，自封新皇之号。

以关东地区为舞台爆发的平将门之乱和几乎同时期在西国发动的藤原纯友之乱[①]，是日本历史上屈指可数的两次叛乱，他们都倚仗武力正面反抗宇多·醍醐朝以来的王权路线，并且在无皇位继承资格的身份条件下占领王土，自封新皇，尽管都是在地方上昙花一现式的占山为王，但这些特征足显不同一般了。这个时期为何会频频出现这一类叛乱的原因将在后面分析，这里想指出的是，在不少事件中道真的冤魂显示出甚至能扼杀天皇的强大力量，而在将门之乱平息后不久传出的日藏冥途之行传说中，冤魂作祟的

① 伊予椽藤原纯友（？—941）于 940—941 年当濑户内海的海盗一起掀起的叛乱。与“平将门之乱”合称“承平天庆之乱”。

正当性又通过道真、醍醐帝双方的言辞得到确认，因此将门才会仗恃道真亡灵的威力，让他替自己起草新皇即位诏书。这一点我们应该能充分地想象到。

不过这里还需要注意的一点是，道真的任务仅止于起草诏书，皇位本身是由八幡大菩萨授予的。这跟皇位必须由先皇子孙继承的牢固观念密切相关，道真的立场无论多么正当，但他毕竟不是皇族出身。事实上在随后由将门写给其旧主太政大臣藤原忠平的书信中有这么一句。

> 将门已成柏原帝王（桓武天皇）五代之孙也。纵然永领半国（日本全体的一半）岂谓非分？

事实表明将门自以为具备了登极皇位的条件，他所依据的无非是血统观念。

但不管怎么说，天皇的皇位最起码要由曾经身居皇位的人来授予。所以将门抬出了皇家的祖先神＝八幡大菩萨（应神天皇之灵），请它来给自己授位。八幡大菩萨自 859 年（贞观元年）以后又被奉为王权和王城的守护神，镇坐皇城西南方位。而根据《古事记》和《日本书纪》，八幡＝应神帝是在“征讨三韩”①过程中诞生的帝王，因此死后化为守护王权、王城的武神。这对试图依靠武力获取王位的将门来说是再合适不过的利用对象了。

---

① 传说神功皇后得到天照大神等的神谕后出兵三韩（新罗、高句丽、百济）的事，《古事记》、《日本书纪》中有较详细描写，强调日本神灵的神威。传说色彩浓厚。

更何况，八幡大菩萨的背后其实也潜藏着反抗王权的能量。最近几年的研究发现，奈良时代以后担任宇佐八幡神官的竟然是大和三轮神社的神主大神氏一族，而《古事记》《日本书纪》的记载表明三轮神社的供奉神灵是以反抗王权著称的。律令制国家王权让原本侍奉叛乱之神的神官来祭祀抵制外敌的护国神，旨在引导武神把能量对外排放出去。然而，进入9世纪末期，对外关系一旦缓和，在八幡神的背后与反王权势力联合的暗流就重新活跃起来了。

而且，这里的八幡神与前面的天满天神一样，也属于带有神佛结合性格的神灵。八幡神是应神天皇等转化的皇祖神，但同时被称呼为大菩萨，这便是最好的明证。天满天神是反王权的神佛结合之神，那么从上面进行支持的八幡神理所当然会显示出神佛结合的面貌。只要想一想密教理论已经成为一种能将王权相对化的正当思想，那么当天满天神、八幡神要反抗王权时，它们必然会裹上密教的外衣而表现为具有神佛结合性格的神灵。

从创建北野神社到王权守护神地位的确立

平将门之乱虽然暴露了武将的巨大野心，但不出几个月就被镇压下去了。而天满天神的横行势头则依然不可轻视，这从日藏冥途之行中也可以窥见。

942年（天庆五年），天神附身于家住京都西边人称“多治比阿丫子”的无名妇女，降下一道神谕，要求人们在京都北侧的右近马场一角为自己建一座祭祀神社。阿丫子顾虑自己身份低贱，只在自家附近稍做了祭祀，结果因不合神意而备受病痛折磨。四年后的946年(天庆九年),近江国比良神宫的祢宜[①]神良种的儿子也接到了神谕,于是良种等人齐心合力在右近马场建起了祭祀天神的北野神社(《北野天神缘起》、《菅家御传记》)。

此间的945年(天庆八年)还发生这样一件事,在自东西诸领国由众人奉戴进京的神舆[②]中除了司掌农事的志多罗神,还有再次与八幡神联袂的天满天神,并由此堂堂正正地进入了以守护王权为职责的石清水八幡神宫(《本朝世纪》[③]天庆八年七月二十八日至八月三日条)。

但是,像在这些与王权的接近过程中已经看不到天神昔日的愤怒,自将门之乱平息之后,天神的行动中除了有接近王权甚至希望融入其中的倾向之外,已不再表现出要破坏王权、否定王权的意志。

怎么会发生这种转变将在后面论述。但是已经清楚的是,其结果是,王权也自946年(天庆九年)继朱雀天皇之后登上皇位的村上天皇时代开始,积极谋求与天神的接近和融合。

959年(天德三年),右大臣藤原师辅将新建的自家宅第奉纳给北野神社,并在进献的祭文中祈愿天神保佑摄政、关白一族男女久沐皇恩,永保官位,子孙昌盛。这里需要指出的是藤原师辅尽管处在右大臣的职位,他把女儿嫁给村上天皇做妃,事实上掌握了辅

---

① 神社或神宫中处在神主以下祝部以上的神职。

② 神灵行幸时乘坐的轿子,又称"御舆"。今天日本各地的庙会祭日上还能见到,多为四角形、六角形、八角形,木制,涂黑漆,饰有金铜小部件,轿顶装饰豪华。

③ 平安末期由藤原通宪编撰的史书,未完,断续记载935—1153年的部分文献尚存。

弼天子、统治天下的大权。此外还值得注意的是，北野神社在此之前有过五次修造改建，但都是老百姓出钱出力完成的(《北野天神缘起》《菅家御传记》)。藤原师辅的父亲是和道真生前关系要好的藤原忠平(时平之弟)，因此他从天皇与摄政大臣两家的关系中看，处在最容易接近道真的位置。上面这种举动可以看成是村上天皇与师辅商议之后为平息冤魂作祟，为缓解朝廷与冤魂紧张关系采取的第一招棋子。

但是，王权本身与冤魂真正达成和解还要假以时日。在村上天皇之子圆融天皇在位期间，自 976 年(贞元元年)到 982 年(天元五年)的七年间皇宫三次被大火烧毁，世间都以为那是由于北野神社的修理不善等等朝廷对天神的怠慢招致的灾祸(《北野天神缘起》)。

993 年(正历四年)依照前一年天神要求改善待遇的降谕，朝廷于 8 月派遣钦差大臣前往建于大宰府安乐寺的道真墓前，将其官位升至正一位左大臣(923 年 4 月保明亲王殁后已官复正二位右大臣的原职)。但是对此，天神以汉诗方式托言表示仍不满意。于是朝廷到第二年又一次遣使到安乐寺，追封菅原道真为正一位太政大臣，天神终于表示满意，并降下一首汉诗，誓愿守护国家社稷(《日本纪略》《北野天神御托宣记文》)。

王权花费了三十多年岁月，千方百计耐心地对开始变色的天神采取怀柔策略，并取得了成功。它使天神的反抗精神堕落为仅仅对神殿和官位的欲望，使曾经象征反王权势力的天神最终变节为王权的守护神。

清和源氏[①]与八幡·天神的联合

这样，到10世纪末期，天神＝道真冤魂的骚动至少在京城地区已经平静下来，它甚至成了王权的守护神。但是在地方武士的世界里，曾支持了将门之乱的道真亡魂依然同八幡大菩萨一起长期保持着其作为支持武力叛乱之神的形象。

关于这一点，我最近因一个偶然的机会发现了能够证明它的史实，想在此提上一笔。1993年11月，我在供职的东京大学给教养学部学生讲授日本史时提到了有关道真冤魂的传说。下课后，听讲学生当中有一个名叫濑川大的大一学生告诉我，在他居住的神奈川县寒川町有一座与道真墓所在地安乐寺同名的寺院，离一宫寒川神社不远，而且寺院境内至今还保存着一座相当大的前方后圆坟，一般称作应神塚古坟。对此我感到十分惊奇，于是趁第二年的新年假期请该学生带路走访了寒川神社、安乐寺、应神塚古坟，在安乐寺还看到了大约制作于平安时代后期的大日如来塑像。

后来，通过涉猎大量的文献史料了解到，在11世纪40年代由当时的相模国（今神奈川县）国守源赖义将八幡大菩萨奉迎至寒川神社而作为源氏的氏族神。而前面提到的古坟当属于八幡大菩萨在相模的陵墓，故人称应神塚。时代稍稍下降到1060年前后，在赖义、义家父子的周旋下与源氏结成姻亲关系的菅原一族中，当时的长老菅原是纲、菅原清房兄弟俩相继出任相模国的权守[②]和国

① 清和天皇（在位期间858—876）的子孙中被赐予源氏之姓的一族。包括后来最早就任“征夷大将军”开创了镰仓幕府的源赖朝。

② 权守即非正式任命的国守，类似国守代理。

守，是他们建造了安乐寺。这一段历史大致可以这样复原。不过其间我又委托研究佛像雕刻的专家副岛弘道先生（迹见学园女子大学）对安乐寺大日如来的制作年代作了调查。结果发现佛像的制作大致可推断在11世纪后半期到12世纪前半期之间，而从衣纹和身躯的雕刻特征来看属于11世纪后半期的可能性比较大。这一鉴定结果正好符合我从文献上得到的推论。因此可以断定，赖义、义家父子在1060年前后通过相模国守菅原氏创建的安乐寺接受了与八幡神有着亲和传统的天神信仰。那时候，清和源氏正经过前九年之役①，为如何把大量东国（关东）武士编入自己的主从体系而绞尽脑汁，他们引进道真的亡魂并把它和镇守在东国重镇相模国的八幡神联系起来的主要目的其实同将门之乱时差不多，就是为了凝聚具有反叛心的武士们的感情，从而把他们的精力吸收到为朝廷追讨反贼的战斗中，或者让他们跟从自己反王叛国，借以树立自己的“兵马之权”。历史逐渐显现真容，而对于一直在思考道真与八幡关系的我来说，是濑川同学和副岛弘道先生帮助我做到这一步，在此向他们深表感谢。

以后的冤魂信仰

对上述考证有一个概念之后再来环顾中世时期的各种史料，就不难找出类似的例子。比如反映下总国（今千叶县北部及茨城县的部分地区）千叶氏祖庙起源的《千叶妙见大缘起绘卷》，在画面

① 又称“前九年合战”。是源赖义、义家父子为讨伐奥羽地方的豪族安倍赖时及其子贞任、宗任发动的战役。到1062年战火平息时实际上断断续续历时12年。为源氏一族在关东地区巩固势力奠定了基础。

上簇拥着氏族神妙见的诸多神灵中，把八幡神和天满天神的位置特地画得高出一截。不管怎样，道真的冤魂在京城虽然已蜕变为王权守护神，但支持将门之乱的那一段历史却不容易从人们的记忆中抹去。当武士们走上表面顺从朝廷，背后各自发展地方势力而迅速成长的道路时，道真冤魂将从人们尘封的记忆中走出来，重被注入鲜活的生命力，在很长一段时期内与八幡神一起成为武士们的心灵支柱。

然而在京都地区，整个 10 世纪后半期天神的威胁越来越小。相反，祭祀在京都东部八坂地带祇园感神院的牛头天皇（又称武答天皇）越来越受人们信仰。牛头天皇本来是某个悲剧里虚构的国王，按说是一个外来者，但它成为新的御灵之后同样发挥了神灵作用，纠集都市民众的愤懑不满并帮助他们发泄出来。同 9 世纪一样，每当疫病蔓延时人们总说那是御灵作祟。不过，已经解决道真冤魂问题的王权势力不再惊慌失措，朝廷于 974 年（天延二年）主持举办了祇园御灵会，以后又以更盛大的规模举行紫野今宫御灵会、船冈山御灵会等等，每次都成功地把御灵会的骚动吸收融入到统治体系中来了。后来朝廷还允许御灵会期间拥抬御灵神的游行队伍进入皇宫大内，但是规定那时天皇要离开皇宫，到别处避忌。因此，御灵会可以说是变成了一场在王权的框架内摇摆乱舞的狂欢节。

在室町、战国时期[①]的都城及地方社会，上述御灵信仰获得新的能量重又显示出反王权的性格特征，而后发展成今天在京都等

---

① 足利氏在京都的室町开设幕府的时代称“室町时代”，约从 1392 年（明德三年）至 1573 年（天正元年）。其后期从应仁之乱（1467）以后通称“战国时代”。

各地还能见到的祇园祭。其历史演变在本书中来不及涉及，故按下不表。但是无论怎么发展，祇园御灵会同样保持了神佛结合的特性。这从祇园的堂舍建筑中就能得到很好的证明，因为那是由称为“祇园社”的社殿和称为“感神院”的佛堂两部分组成的。冤魂信仰产生自御灵会，通过道真冤魂＝天神的活动盛极一时，又通过祇园御灵会被收束到一般祭祀范围内而宣告终结，它是一场宗教运动，主要代表了由密教统率指导的神佛结合思想。正因为这样，它也是一场具有上述种种形态的、涉及范围宽泛又富有变化的社会政治运动。

4　产生冤魂信仰的社会背景

宇多、醍醐朝代的土地、租税改革

那么，冤魂信仰为何进入10世纪以来会愈演愈烈，甚而至于借道真冤魂掀起谋反运动呢？到10世纪末又为何会被王权完全驯服控制于股掌之间呢？为了搞清这些问题，我们有必要重新审视一下王权从9世纪末10世纪初开始正式实行的基本结构改革。

第二章已经讲到，奈良末期、平安初期以来，包括村落首领、新兴富农在内的地方豪族阶层对土地的私有观念开始觉醒，他们依靠神宫寺和密教的思想支柱，通过把土地捐到包括皇族在内的上流贵族以及大寺院名下来逃避国府衙门的租税征收，在保护伞下专心经营属于自己的私田，积累起相当的经济势力，人称“富豪”。

针对这一动向，9世纪的王权把富豪捐赠给贵族及寺院的土地限制到最小程度，在承认开垦地可以世袭的同时，又不断对土地实行公地化的重新编制，企图将其纳入班田收授的体制内。但是，当王权认识到这种经济潮流不可逆转时，又开始尝试着将私田经营直接编入王权的直辖财源。比如 823 年（弘仁十四年）在大宰府管辖下的各领国内设置了广达一万二千零九十五町[①]的公营田，还有 879 年（元庆三年）在王权脚下的畿内地区设置官田四千町、实行私人经营等等，都十分明显地反映了这一点。况且，随着时代下降，经营私田的富豪向上流贵族、大寺院神社捐赠私有土地的风气越来越盛。

鉴于这种情况，朝廷自宇多天皇在位期间便下令严格控制上述风气，同时企图摸索出一条道路把私田领主化的动向完完全全编入王权的统治基础中来。醍醐天皇继承父亲宇多天皇的路线，于 902 年（延喜二年）发布一系列太政官符，把判断富豪是否可以将私宅财产、私有田地捐赠给上流贵族、大寺院神社的权力下放给国司，以此为杠杆开辟出一条由国司将私营田地编入公共体制的道路。结果，国司在王权认可的情况下，开始夺取传统上由郡司掌握的行政大权，把权力威望集中到国府衙门，同时最大程度地活用强化起来的权限，最小程度地批准对贵族、寺院、神社的土地捐赠，对各领国内逐渐私有化的全部田地实行重新编制，逐个转变成公田。在这过程中，为把私田重新编制成公田而出现了“负名”制度。它规定土地的实际经营者向国府衙门保证纳税，便可以给产出租税部分的田地冠以某某人的名义；每年只要根据田地总面积交纳相应数量的租税（租子、公事杂役），实际的经营可由负名者（又称

---

① 町为土地面积单位。1 町约为 9.17 公亩。

田堵）随意处置。

那个时期，王权之所以要彻底进行土地政策的变革，主要是因为私田领主借着神宫寺和密教的思想依据，试图从建立于祭神活动之上的租税征收范围内脱离出来。于是王权只好停止借班发祭祀币帛给地方神社来收税的办法，转而积极地把公认和保护私田经营的行政权力交给国司，开始认识到在统领国土的帝王名义上收取租税（租子、公事杂役）的重要性，这种做法是世俗性的，与历来向神佛进献稻谷表示答谢的方式完全不同。私田领主等各种地方豪族通过神宫寺和密教的影响，在精神领域内已经构筑起了自己个人与下属社会（共同体）之间的新关系，并在这过程中逐渐认识到世俗的社会统治（王法）和宗教应该区别对待。所以他们不再需要王权所谓的各种神灵，需要的反而是能够保障他们社会活动的王权本身。就是这样，宇多、醍醐两朝彻底的土地租税改革取得了巨大成果，而通过改革，王权的性格也发生了根本性变化。

王朝国家的诞生

宇多、醍醐两朝的改革针对构成王权经济基础的土地与租税可以说实行得相当彻底，而在其他各方面的国家制度改革上当然也能见到这种正本清源的作风。

前面已经提到，自平安初期以来，朝廷设置了藏人所作为协助天皇处理政务的秘书局，设置了检非违使厅作为天皇直属的军机、检察行政机动部队，这两股势力日渐壮大。与土地私有同在一条根系上的私人纠纷和冲突必然会随着土地私有的扩大而增加，因此到 9 世纪末期，原则上以公地公民为仲裁前提的太政官署——

八省制[①]中的律令行政机构对新的情况已穷于应付，藏人所和检非违使厅便代替它事实上成了处理案件的中心机构，令制官司中部分还起作用的部门也由这两个令外官署统率着才得以继续存在。

检非违使厅在清和天皇在位的875年（贞观十七年）就已经有了称作《检非违使式》的法规。宇多朝除了编纂了《藏人所式》，还从五位以上官员当中选出25名有才干的，封作“殿上人”[②]，让他们伺候在清凉殿的殿上间以补藏人之缺，还特地订立制度来设置“泷口武者”[③]，让他们担任天皇在清凉殿时的警卫。这些制度在醍醐朝进一步成熟。藏人所、检非违使厅、泷口武者、殿上人等等其实等同于天皇的私人家政机构，但王权以这些组织为核心，同时对各官司、各国司等加以统合控制，从根本上转型为一种君临天下的统治权利。清和天皇时代，藤原良房担任摄政，代行王权。以此为发端，887年（仁和三年）在藤原基经就任关白大臣来辅弼宇多天皇政务时，便意味着王权为新的自己找到了合适的加固手段，它已经建立起一种无关天皇的个人因素也能全面行使权限的新体制。

① 律令制国家中，政务都由设置于太政官府的8个中央行政官厅执行的制度。八省具体指中务省、式部省、治部省、民部省、兵部省、刑部省、大藏省、宫内省。

② 平安时代以后，天皇起居的清凉殿南边有空间称作“殿上间”。允许上到“殿上间”伺候的公卿贵族称为“殿上人”，一般官位在五位以上，或者有特别准许的六位藏人。

③ 皇宫清凉殿的北边有警卫武士值勤的场所，称作“泷口所”，归属该部门的武士即“泷口武者”。

正是这样，通过宇多、醍醐两朝的国家制度改革，王权从一个以未开化的共同体为背景立足于公地公民观念的律令制国家发展转变成一个立足于私有和家产观念的新型国家。现在学术界把这种国家叫做王朝国家。我也想仿效这种称谓，把那时候形成的王权命名为王朝国家。

伴随着起始于奈良末期、平安初期的土地私有，出现了种种的社会变动，这使得律令制国家形存实亡，它同时产生出一个依靠私有财产来保障自身权力核心的新型王权，我们把它叫做王朝国家。那时期，日本从中国和朝鲜已经摄取了一切能够摄取的东西而逐渐自立，加上中国唐帝国的灭亡、新罗王国的分裂等国际环境的变化，使它意识到已经没有必要为抵制侵略而维持中国式的军事集权体制。这些都更加促使了新王权的形成和发展。

王朝国家的统治和武士

9世纪萌芽的国家体制在宇多、醍醐朝被全面推出，王权向着建立在私有制基础上的王朝国家转变。在这过程中，不能放弃集体共同支配观念的旧郡司阶层自不必说，私田经营没能进入上流贵族、大寺院神社保护伞的失败者们都纷纷没落。此外，即便是那些成功获得贵族、寺院神社保护的幸运者，随着国司权限的强化，自己开垦的私营田也随时面临着被编入公田的危险。考古学的发掘调查表明，到9世纪末10世纪初为止，律令制国家时代设置的郡司几乎在所有领国内消失。还有很多古文献反映在诸领国本来已归为贵族、寺院神社庄园的私田不断被国司没收重新编入公田。这些材料都有力地说明了当时的情况。

10世纪30年代末到40年代初分别发生在东国(关东)·西国(关西)的平将门之乱和藤原纯友之乱,是诸领国行政在王朝国家形成过程中,为了对当地的私人领有实行全面的重新编制而采取强硬手段所导致的结果。当这种压制让人们无法忍受时,对当地的统治势力久怀不满和积愤的武士们便掀起上面两次日本史上最初的大叛乱,企图建立独自的公权体制。

9世纪末期以降,无论京城或地方围绕着私产和私田保护开始发生纠纷并渐渐激化,对此,王权贵族或地方势力的法令已经失去处理能力,便需要凭借实力,即用武力进行解决。在这种情况下,武士应运而生。自奈良时代以来在"镇压虾夷"[①]中立下功劳,并在878年(元庆二年)的叛乱平定中最终完全制服了"虾夷"的特殊下级军事贵族们在京城和各领国建立据点,最大程度地发挥自身担任镇守府将军等时候的经验,建立起专业的战士集团。这个群体被人们称作"兵",他们也就是武士。自宇多朝以来,他们经常作为泷口武者或大臣以下官员的随从,在解决王权、贵族间的私斗纠纷中发挥作用。平将门在发起叛乱以前曾经做过泷口武者,还一度成为太政大臣藤原忠平的随从。然而他也同其他武士一样,在远离京城的地方,主要是在接近虾夷的广大东国地区建立了据点,伺机等待国府官衙与地方势力的纠纷达到爆发极限。

武士当中很多出自贵族门第,尤其是平氏、源氏等皇族出身的更多。也就是说,武士并不是从一开始就跟地方势力利害一致的,

---

① 虾夷指古代居住在日本东北部到北海道一带的少数民族,语言、风俗与大和民族不同,游离在大和朝廷的统治之外。

两者是因为都遭受王权和贵族的新统治压制才具有共同点的。因此，他们会凭借自己的贵族身份和武力合并地方势力，把地方势力对王权的不满情绪和自己的不满情绪联结起来去发动起义叛乱。

将门之乱和道真的冤魂

这样看来可以清楚地发现，从宇多、醍醐两朝开始实行的新型王朝国家统治，是付出了前所未有的巨大代价才得以持续展开的。在京城，建立了以藏人所、检非违使为轴心的令外官体制，然而有不少没落贵族及其关系群体被排挤出该体制之外。在地方，随着国府官衙行政权力的强化，不少郡司、私田领主以及他们的随从仆人走投无路，纷纷衰落。这样，当王朝国家在中央和地方的统治逐渐步入轨道的同时，那些没落阶层的人们对王权的不满情绪必然会滋生，并且以从前无法相比的势头膨胀起来。

菅原道真正是在王朝国家的这种统治体制刚刚起步时遭到流放而不幸身亡的。这样的话，很显然是道真的遗族和一些同情他的没落贵族们借助密教僧人之手编造出冤魂说法来的，这同往昔的御灵信仰一样。他们还把这些传说向中央以及地方上许多对王权心怀不满的人们极力宣传，把冤魂加工成人们的不满情绪和反抗精神的体现者。正因为这样，随着时代发展，道真的亡灵逐渐树立了一个与火雷神、瘟神联合起来反抗报复王权的形象，人们相信是道真的亡灵差使瘟神和雷神把陷害他的达官贵人和天皇逐个地处死的。这可以说是前所未闻的反叛行为。而当这种统治的矛盾达到顶峰时，受压迫的各股势力以武士平将门为代表向王权发起的武力叛乱，这便是将门之乱。在其中，为显示将门的反叛以及自立新皇的正当性，道真的亡灵与护国武神八幡神一起发挥了作用也是毫不奇怪的。

武士、寺院神社与王朝国家的成长

将门之乱虽然把道真的亡灵和八幡神都抬了出来，但很快在次年940年（天庆三年）就被镇压下去了，前后不过数月。而940年藤原纯友在西国掀起的叛乱也于次年以失败告终。

这些叛乱最终归于失败的直接原因是由于本来就跟将门、纯友处在对立关系的武士们倒向朝廷一侧，协助朝廷讨伐了叛军。但是这里有个更为根本的问题，那就是不管原来怎样对立，这些武士和将门们同样对王权是抱有不满的，可是他们最后怎么选择跟随王权来对付将门、纯友以及二人手下的地方势力的呢？我们从将门通过叛乱掌控关东各领国的国府官衙并自立为皇这件事上可以看出，反王权势力无论怎样造反起义，它毕竟还处于弱小幼稚的阶段，还无法提供一种不同于王朝国家的统治方式，也还没建立起一个能听取地方势力呼声的社会体系。想到这一点，上面的问题就不难理解了。因为那些倒戈武士逐渐切实体会到，就算发动叛乱，他们所能提供的终究是跟王朝国家王权以及地方官衙同样性质的统治，而这样的老调重弹是不可能凝聚地方势力的。

结果，从此以后武士们走上了一条不同从前的成长道路。他们要么在中央确保武官地位，要么在地方就任镇守府将军或国司，为王权效忠。此外，一部分人还成为天皇、皇族、上流贵族的私人侍从，担负起武力解决政治斗争的任务，比如泷口武者，还比如给藤原摄关家[①]充当家臣的清和源氏祖先源满仲，投靠左大臣源高明的藤原秀乡之子千晴，为摄关家效力的满仲子孙等等。武士们通过这些方式一边公开提高自身的社会地位，一边慢慢将地方势力编入自己的主从关系当中，不断积蓄起实力。

侵入王权机体内部一点点培养势力的做法，不仅可见于武士阶层，在自9世纪以来一直谋求自立的密教寺院及神社势力身上也能明显地感受到。他们本来已经在密教教义上把世俗王权比作向大日如来立誓臣服三世的降三世大王，提倡圣权高于王权的主张，但是9世纪的神宫寺在社会层面上却不得不依赖王权；还有，用密教武装起来的冤魂信仰虽然逼死醍醐天皇，为将门之乱宣扬正当性，但是等认识到王朝国家无法打垮时，它便把世俗范围内原本就具备的拥护王权的一面充分展示出来，开始强调自己是王权的精神支柱。其结果，作为护国思想的法华经和天台宗的势力不断恢复并超过了真言宗，比叡山兼长显、密两教而成为守护王权的灵山。

王朝国家的建成和冤魂信仰

在纠集了地方势力不满情绪的将门、纯友之乱平定后，武士和寺院、神社势力对王权开始接近并积极支持起来，于是王朝国家的目的基本上完全达到了。在这种状况下，道真亡灵的势力逐渐削弱，随着时间推移，王权势必会一步步把冤魂吸收进自身的体系，

---

① 连续几代担任摄政关白大臣的家族称“摄关家”。藤原氏是平安时代主要的摄关家族。

直到把它改造成王权的守护神。而跟道真冤魂势力的弱化成反比而不断成长起来的祇园御灵会也不再插手现实的王权统治，它祭祀着外来的并且是虚构的牛头天皇，实际上已经被禁闭在狂欢节式的庆祝祭祀范围之内了。

就这样，受到冤魂信仰的冲击而抬头的王朝国家，在听任这种信仰全面排放能量、尽情兴风作浪之后，把它所有的成果都吸收过来并进行了脱胎换骨，从而圆满地建成了自身的统治体制。

第四章　凶秽忌避观念和净土信仰

凶秽忌避和净土信仰的发展

御灵（冤魂）信仰象征的是神佛结合思想的第二阶段。与此同时，王朝国家还不断地遭遇了神佛结合思想演变过程中的诸多问题。这里要提到其中两个，即王权世界中从 9 世纪到 10 世纪之间膨胀发展起来的凶秽忌避观念和逐渐日本化的阿弥陀净土信仰。

该时代的凶秽忌避观念主要是指，人以及六畜（马、牛、羊、狗、猪、鸡等家畜家禽）的死亡、生产等的特定事件都属于凶秽，人们要是不小心接触了这些就得躲在自己家里闭门不出实行"物忌"①。（凶秽这一观念是如何形成的？包含哪些内容？到现代都还是个大问题。在民俗学、宗教学等领域也有很多的研究积累，观点不一而足。在此要讨论的主要是从历史学角度来看的凶秽概念，当时的史料中一般称为"秽恶"。）以《源氏物语》为首的王朝文学作品中经常出现"物忌"场面，大多数是出于凶秽忌避的目的而进行的。即便到了现代，人们在参加葬礼后回家，进入家门前要撒上一把盐来除秽，这种风俗习惯实际上与凶秽忌避观念是同源的。

另一方面，阿弥陀净土信仰是指人们一心信奉极乐净土的阿弥陀

---

① 物忌即斋戒，但略有不同，因此，以下将直接使用"物忌"一词。

佛，诵念南无阿弥陀佛，祈愿死后往生极乐世界的信仰。这种信仰在镰仓时代[①]通过法然的净土宗、亲鸾的净土真宗、一遍的时宗等宗派的发展而形成日本佛教思想的一大潮流，一直到现在还生生不息。

那么，上述两种意识形态，我们为什么能够说是它们构筑了神佛结合思想发展的第三阶段呢？如果先从结论来说，那就是因为凶秽忌避观念是随着佛教进入日本生根发芽，神祇信仰方面通过摄取它的价值观体系为自己所用，创造出来的一种能够与佛教相对峙的新的神祇观念；而日本式的阿弥陀净土信仰则是指本来的阿弥陀信仰经过日本式改造，从而稳定发展成为人们生活中的精神支柱，它作为一种观念已经具备了完整的体系。

1　王权神话告诉我们——

凶秽忌避观念的起点

要从历史意义上了解该时代凶秽忌避观念趋向肥大化的情况，首先必须来看一看在律令制国家中这种观念是以什么样的方式存在的。

律令制国家规定，在祭祀王权始祖神的过程中，司祭者不得"碰触秽恶之事"（《神祇令》散斋条）。这是因为跟律令制国家几乎同时生成的一个神话里说，王权祭祀的始祖神居住在一个名叫高天原的世界里，那世界从刚刚形成时开始就依靠众神不懈的努力，

---

① 源赖朝开设镰仓幕府到1333年（元弘三年）镰仓幕府灭亡的大约150年间。关于开设时间有1183年（寿永二年）、1185年（文治元年）之说，尚无定论。

把所有的凶秽都赶出去了。从那时以后一直作为一个绝对清净无秽的世界支撑着王权。

让我们再来看一看讲述王权始祖神的神话最为完整的《古事记》,它的上卷中心部分主要讲述了从伊耶那岐神、伊耶那美神创造国土到须佐之男神[①]被逐出高天原为止的神代神话。

伊耶那美神生下司掌国土以及山川草木等的诸神之后,最后生下火神火之迦具土时烧坏女阴身亡。被抛下的丈夫伊耶那岐神思念亡妻心切,下到黄泉之国找伊耶那美神。然而此时伊耶那美神已身染死秽,躯体腐烂,面目全非。伊耶那岐神受眼前景象惊吓,拔腿而逃,伊耶那美神则对丈夫的态度大为恼怒,在后面紧追不舍。拼命摆脱了伊耶那美神追击的伊耶那岐神逃离黄泉之国后跳入清净的海水中反复祓禊除秽。

祓禊到最后,当他清洗左眼时出生了天照大御神,清洗右眼时出生了月读命神,洗鼻子时出生了须佐之男神。然后伊耶那岐神命令天照大御神掌管"高天原"(天界),月读命神掌管"夜之食国"(夜之世界),须佐之男神统治"海原"(海之世界)。

这样三神开始统治世界。但是,由于须佐之男神恋慕母亲伊耶那美神,他日夜啼哭,荒废治理,结果导致恶神妖怪横行。对此伊耶那岐神十分生气,决定放逐须佐之男神,而须佐之男神谎称前往母亲伊耶那美神居住的黄泉之国,先和大家告别,升到天照大御神的领地高天原。天照大御神看透来者的居心,说他"必无善心,

---

① 伊耶那岐神和伊耶那美神是日本神话中创造了日本国土的男女祖先神,须佐之男神是他们的儿子。关于上述神灵的称呼,根据不同文献有不同的文字表记,本书基本上采用《古事记》的表记,但配合中文习惯略作变更。

欲夺我国”，武装起来准备迎战。谁知须佐之男神却表明自己没有谋反二心，并提议用叫做“宇气比”[①]的赌誓来证明，天照大御神便答应了他的提议。天照大御神先拿须佐之男神的十拳之剑在手，生下三位女神。对此，须佐之男神则拿天照大御神的八尺勾玉在手，生下五位男神。须佐之男神因为自己的剑下生出女神，便宣称“我心清明，故生得弱女子”，坚持自己得理取胜，并乘势大闹高天原。毁坏天照大御神的田畔沟壑，故意在诸神进食的宫殿随处大便，还把剥了皮的马匹扔进纺织衣物的织女房，导致织女受惊将织梭撞到女阴上死去。

看到这种情况，天照御大神不愿再统治高天原，躲到了天之石屋户里不肯出来。结果，高天原和下界的苇原中国一片黑暗，各种灾害丛生。高天原的八百万神众不知所措，最后聚集到天安之河原来商议对策。此时，天宇受卖神半裸着身子跳起滑稽的舞蹈，引得八百万神大笑不止。被惊动的天照大御神好奇地将天之石屋户打开一条缝，这时天手力男神一把打开石屋门，把天照御大神从里面拽了出来。这样，高天原和苇原中国又恢复了光明。而八百万神经过众议，决定把须佐之男神逐出高天原，以示惩戒。

贯穿王权神话的凶秽忌避观念

《古事记》的内容接下来还讲到被罚下天庭而降到出云地方的须佐之男神，其子孙大国主神征服了日本全国后把国土让给天照

① 日语发音“wukei”，宇气比只作汉字表记。该赌誓的做法是先设定前提，如果是A则会出现B结果；再根据结果来判断事实。须佐之男神与天照大御神比赛生产，其立赌誓的前提是“如果心地清明，必生弱女子”。

大御神的孙子“日子番能迩迩芸神”，天孙降临到地上，其子孙后来便成了天皇，建立起律令制国家王权的基础。

因此，上面这个故事可以说是神话时代王权起源传说的中心内容，不过我以为从凶秽观念的角度还可以读出下面的意味来。

那就是，伊耶那美神的死带来了凶秽，而伊耶那岐神则拂拭了凶秽。其结果诞生了无上清净的神——天照大御神以及由她统治的高天原世界。这时，背负着凶秽余骸的须佐之男神又出来作乱。最终由八百万神众和天照大御神将须佐之男神逐出天界。

这个神话告诉我们高天原是如何彻底排除凶秽，如何超越夫妇、手足同胞关系而力图建立起一个至净世界的。律令制王权神话的核心无一不集中在王权始祖神们摒除凶秽的行为上面，结果，高天原作为至净空间的象征为现世王权统治提供了一个精神依据。

这样，祭祀居住在至净空间的诸神时必须避开凶秽的观念便生成了，而且理所当然地被写进了法令。事实上，须佐之男神的“捣乱”行为在律令制国家被定为大罪，称作“天津罪”，是需要通过称作“大祓”的仪式来清除的。

律令制国家凶秽忌避观念的局限性

但是，这里必须注意到一点，那就是在律令制国家中，即便是代表王权的朝廷也只在祭祀祖先神的场合或有关的神话世界里才重视除秽。每年只在6月与12月的晦日（月末）举行两次大祓仪式也能说明这个事实。通过这两次大祓的确能消除各种各样的凶秽，但是反过来说，两次大祓举行之间的半年内，从朝廷的政治到日常生活人们不得不跟凶秽朝夕相处。

王权世界里的情况尚且如此，那么在地方豪族及其手下的普通老百姓的集体生活中，毫无疑问凶秽存在的问题会更加严重突出。《神祇令》的诸国条规定了各领国举行大祓的仪式做法，但其内容与朝廷的大祓基本相同。而这个时代生活在社会底层的民众正如第二章中已经详述的那样，还都归属于祭祀泛神论式多种神灵的共同体，基本上处于以共同体为所有制单位的未开化状态。也就是说，在这样的社会底层，即便存在祭神仪式也不可能完全彻底地清除凶秽。因为在一个尚未开化的社会里，凶秽与除秽始终作为相对的概念互争高下，即使在神灵的世界里也是同样。神灵虽然经常要求消除凶秽，但它们自身并不能够实现这一愿望。

从中国吸收了高度文明的律令制国家尽管建造了雄伟的帝都，制定了完备的法典，但是除去王权神话的世界和祭神的场合外，他们依然不得不和凶秽相处共存，这同他们必须从内部来统一调和社会底层的统治方法是不无关系的。

律令制国家的文明化

这样思考下来，就浮现出一个问题：律令制国家在实行统治时，为何会如此严格拘泥于凶秽的清除，并尽量"实现"除秽呢？尽管这还仅限于王权神话或祭神等王权的内在意识形态领域内。

这里需要指出的一个事实是，律令制国家表面上全面吸收了来自中国、朝鲜的佛教以及儒家思想，而这些文明思想的共同特征就是都具有两极对立的价值体系。先比如佛教。佛教无论是佛陀首倡的小乘佛教还是该时代流行的大乘佛教以及密教，都强调人的罪业，并提倡通过学习教义和实践修行来消灭罪业，脱离苦海，进入开悟的最高境界。它把罪业作为一种“恶”放在负极位置上，而在相反方向的正极上设置了一个称为“悟”的至高至善境界，并把达到这一境界作为做人的目标。这就是佛教的价值体系。在其中，罪＝恶，悟＝善，正负两种价值观被截然剖开，置于绝对对立的两极，并要求人们朝着正＝开悟的方向生存。

至于儒教，虽然不像佛教是解救人们内心苦恼的思想，但是它给担负着现实王权和社会生活的人们框定的共同伦理关系却同样是建立在正负对立结构上的。“事亲者尽孝，否则为不孝”、“事君者尽忠，否则为不忠”、“事师长者尽礼，否则为无礼”等教条显示，用家长制的伦理道德维持亲族、社会、王权的地位属于绝对的“善”，要求人们服从实践；而不能实行、没有服从者便被视作堕落的“恶人”而遭到指责。由此可见，尽管在本质和终极指向上儒家思想不同于佛教，但两者有一点是共通的，那就是都具有建立在善恶两极对立基础上的价值观。

律令制国家的目的就是要建设成与中国匹敌的文明国家，因此它尽可能地把具有两极对立价值观的佛教和儒家思想引进到国内。但是这里需要留意的是，日本作为律令国家与朝鲜的新罗不同，它没有进入对中国称臣的册封体制，而是保持着自身历来的社会结构和文化传统，在此基础上试图建成一个可与中国匹敌的文明国家。因此，律令制国家为了实现社会的内在统合，就需要在保持大和朝以降体现于王权神话和祭神仪式中的内在价值观基础之上再来吸收两极对立的文明思想结构。也就是说，把凶秽和罪业、灾祸一样看作“恶”来厌恶躲避，把没有这些东西的清净状态看作“善”来对待的价值观在王朝国家里是得到极端重视和彻底追随的。正因为这样，在能够“实现”除秽的王权始祖神话与祭神仪式中，在凶秽被完全清除的同时，凶秽意识却被保留下来，从而使得传统的价值观朝着正负两极（净、秽）走向了绝对对立。

关于上面举出的《古事记》神代卷部分，近年来文学研究的学术界内有一种比较有力的观点认为，其大致内容形成于律令制国家开始建立的7世纪末到8世纪初。这种看法与我在上面指出的可以说是相互对应。律令制国家在沐浴吸收中国文明的同时，试图把自身固有的价值观提高到可与之相匹敌的水平，因此那个时代的王权始祖神话和祭神仪式才会具有如上所述的种种实情。

2　凶秽忌避观念的肥大化和“物忌”

什么是“物忌”

把凶秽完全排除出王权神话和祭神仪式的观念随着律令制国家的确立而诞生，此后从9世纪至10世纪在整个王朝国家的胎动、出现、确立的历史中，这种观念逐渐超越神话、祭祀的界限，其影响还扩大到从王权贵族的政治活动到日常生活的全部世俗范围。而且忌避、除秽的方法也由祓除转向“物忌”，变得越来越严格。

显示采用物忌方法避忌凶秽的最早文献是《弘仁式》（820年制定，830年施行。所谓“式”，即相当于律令的施行细则）。现存《弘仁式》是参考各种佚文复原而成的，根据上面的条文，当时需要忌避的凶秽已经不再像从前那样是比较笼统的概念，而是具体规定了对象的，比如“死人”“生产”“死六畜”“六畜生产”“食其肉”“吊丧”“问疾（探病）”等等。

此外还值得注目的是，条文上还根据凶秽的种类而具体规定了忌避的天数，按照沾染的凶秽种类不同，凶秽和忌避的轻重被划分为几个等级。遭遇死人为最严重的凶秽，需要忌避三十天；遭遇生产为其次，要忌避七天；碰上六畜死亡忌五天；碰上六畜生产或食其肉，以及吊问死者、探望病人属于最轻度，要忌三天等等。那些沾染了凶秽的人必须关在自家居室中，四面垂下帘子，贴上写有"忌中"字样的纸牌，在过完规定的天数直到沾染的凶秽完全消散之前是不能从那里出来的。

这种物忌方式的原型已经潜在于大化改新以前的祭神仪式中，但是从来没采用为排除凶秽的手段。有关物忌的制度是律令制国家从中国引进的另一种思想制度，即阴阳道术带来的产物。平安初期的王权在吸收了这种新知识以后，随即把它利用到原本属于祭神范畴的凶秽忌避的制度改革上面。顺便提一点，在日本阴阳道规定的物忌范围十分广泛，它大致是在王朝国家确立之前以凶秽忌避的物忌为标准逐步发展完备起来的。

那么，王朝国家为何废止祓禊采用了忌避呢？这是由于人们逐渐相信附着在人身上的凶秽靠祓禊不能全部清除，想要完全清除只有花时间等待凶秽在空气中发散消失。总之，要求更为彻底地清除凶秽的观念日趋成熟。像前面提到的凶秽对象的具体化，也是因为要彻底清除凶秽才明确规定了清除对象的。

即便如此，在《弘仁式》施行的阶段依然可以认为跟奈良时代差不多，凶秽忌避也只是在王权神话和祭神仪式中适用。但是再看紧接着形成的《贞观式》(871 年制定并施行)、《延喜式》(927 年完成，967 年施行)以及跟《延喜式》大约同时期由村上天皇宸笔亲撰的《新仪式》等等，就会发现局限于王权祭祀的范围边界被逐步拆除了。

首先，这些条例规定自天皇以下的所有贵族，在政治活动、日常生活等世俗领域内都必须严格实行前面讲到的“物忌”，而且还增加了需要物忌的对象和天数。比如针对流产，规定已经怀孕四个月的要斋戒三十天，三个月以下的仅需斋戒七天，但同时严格禁止因流产等原因告假的人在休假期间参加祭祀活动。女官如果怀了孕就必须在祭祀散斋（祭祀正日子前后的斋戒期）前日从宫中退出，来了月经也要在祭日以前退出，如果是生产，就更要早早退出皇宫。此外在祭祀散斋期间，僧侣和服丧者也不得进宫。吊问过丧事、探望过病人、拜谒过陵墓或参与了建墓的人禁止在当天进宫，哪怕他进宫后不落座也不允许（关于这点将作后述）。还有在举行祭神活动时如有失火，必须斋戒七天等等。随着斋戒对象范围的扩大，某些具有触秽隐患的人或事物也开始被排除出皇宫，总之要尽一切可能使王权所在的空间每时每刻处于不染凶秽的洁净状态中。

与此同时，对凶秽传染的范围还作出了明确的规定。那就是说，传染只在同一个隔离物围起来的空间内当凶秽携带者落座情况下才会发生。而且二次传染仅限于一次感染者进到别的场所时发生，受感染的也仅限于不巧进到这个场所的其他人。凶秽忌避观念的扩大，通过对空间的限定显得越来越具有实质性了。

观念肥大化的思维依据及其背景

随着王朝国家走向成熟，凶秽忌避观念逐渐倾向于肥大化，那么究竟有什么样的思维依据导致这一观念肥大膨胀的呢？

首先需要注意到的一个事实是，凶秽忌避观念是因为突破了王权神话以及祭神活动的围栏才肥大起来的。前面提到,《延喜式》的适用已经脱离了祭神的范围,但即使到了那个阶段,人们依然认为那些规定跟神祇信仰上的礼法规矩有关。这样不难发现,在凶秽忌避观念向着世俗范围扩展渗透的背后其实有着这样一种理解,那就是通过忌避,使担任祭祀的天皇和其他有关贵族得到身心净化,拂拭去日常生活给他们带上的尘垢,从而使祭祀变得更加清净圣洁。此外,前面那些格式条文还规定,即便是间接沾染了凶秽的人也需要自慎,至少不能进入宫中。这表明人们有一种强烈的愿望:想让天皇始终保持最为清净的状态,因为他是祭神活动的首领。由此可见,要求把凶秽驱除出王权与贵族们的世界——包括日常生活的每一部分,其目的就是为了突出保障王权神话和祭神行为的圣洁性。

此外我还以为,律令制国家引进的儒家思想和佛教也是促使凶秽忌避观念及制度形成的诱因。尤其是佛教,自奈良末期到平安前期与日本固有的神祇信仰不断发生碰撞,并且它尽可能地利用密教手段把神祇信仰一点点地收容到自身的价值体系中来。这就更加推进了忌避观念的肥大化。

这样一来,国家除了把密教收拢为守护王权的大法之外,还感到有必要把日本固有的、迄今为止充当着王权和社会精神支柱的神祇祭祀和信仰进一步圣洁化,只有那样方能显示出绝不亚于佛教的地位。因为密教在本质上并没有绝对尊重王权的意识,而是采取了一种俯视的姿态。圣洁化的手段就是把凶秽忌避的方式从原先的祓禊改为体系更加完整的斋戒(物忌)。不光要保持王权神话、祭祀的圣洁性,把王权及贵族社会本身也进一步改造成靠近神灵世界的圣洁空间恐怕是最切实有效的办法了。

前面已经讲到，佛教通过密教的传播逐渐渗透到日本的社会内部，并导致了神宫寺、冤魂信仰等神佛结合现象的发生。神祇信仰与佛教信仰在一个开放式体系内的融会结合同时也促使王权神祇信仰的主心骨，即有关“净、秽”的价值观朝着绝对化方向转变。国家把这种价值观提高成为规范王权和贵族日常生活的指导思想，从而企图来抗衡利用密教不断进行渗透的佛教思想。在这个意义上，可以说凶秽忌避观念的肥大化意味着在当时的日本为了与势力渐长的佛教一争高下，王权固有的祭祀观念基本确立。从此以后，佛教和神祇信仰开始以相互对等的姿态保持各自固有的价值观和平共处，开辟出神佛结合思想的新阶段。

3 日本的净土信仰和《往生要集》

什么是净土信仰

阿弥陀净土信仰的兴盛也跟上面这些情况有关。因为这种信仰是同凶秽忌避观念相互结合后在日本文化中扎根的。

本来佛教里面就包含着“净秽”观。在佛教的故土印度，存在着一种与种姓制度的根本相关的独特“净秽”观。佛教的出发点自然是要否定这一观念，因此便把“净”与“秽”这组对立的概念上升为强调悟与罪的宗教观念。但是那里面具有的高度宗教含义则在不同地域社会的不同宗教基础上形成了各自不尽相同的文本内容。

在印度产生的净土信仰种类繁多，有阿閦净土信仰①、药师净

① 阿閦佛，又称不动如来，梵语为 Aksokhya，音译阿閦。

琉璃净土信仰、观音普陀落净土信仰、弥勒净土信仰等等，但在日本发展最大的是阿弥陀西方极乐净土信仰。阿弥陀净土信仰在公元1—2世纪左右的西印度诞生，属于受琐罗亚斯德拜火教、基督教等救世主思想影响的一支大乘佛教教派。到4世纪以前，该教派已经拥有了包括《阿弥陀经》、《大无量寿经》、《观无量寿经》等根本经典的《净土三部经》，构筑起自己独特的教义。

其教义简言之就是认为人与生俱来背负着源自欲望的五种大罪，但想要赎罪只要坚持念佛修行，到临死时就会有最高神阿弥陀佛来迎接，把死者救到他居住的西方极乐世界。把人看成欲望炽盛、罪业深重的存在因而重视赎罪修行，从这点上看，阿弥陀净土信仰与佛陀的原宗旨以及后来的小乘、大乘、密教等一般佛理并无二致。但是只有阿弥陀净土信仰把死后的天国设在西方极乐净土，把属于完全他者的阿弥陀佛设成那儿的主人，并主张把西方定义为赎罪的目的地，通过死亡获得拯救，获得通往极乐净土的车票。其中通过天国、完全他者、死亡代价来宣扬的拯救思想毫无疑问跟包括基督教在内的救世主思想十分相近，而强调象征永恒生命的阿弥陀佛无量光之处则又与琐罗亚斯德教极其相似。阿弥陀净土信仰作为佛教的一支教派，是佛教在向大乘教发展阶段中吸收了救世主思想、琐罗亚斯德教等外来因素后确立起来的。

律令时代的净土信仰

诞生于西印度的阿弥陀净土信仰于4世纪以前就在中国广泛传播，及至6世纪后半最迟到7世纪初期经由朝鲜半岛传入日本。这跟整个大乘佛教的传来几乎在同一时期。

然而，在9世纪中叶以前的日本，人们对阿弥陀净土信仰的理解却是偏离了该信仰本来性格的。因为在当时的观念中，死后的世界就是阴森可怕、充满了污秽的黄泉之国，而且连保护王权的神灵死后都难免奔赴黄泉的命运。再加之，在当时上自王权下至社会底层，人们都生活在各自构成的共同体中，还根本没想过脱离共同体的个人生活会如何，因此对于那些在个体自我意识觉醒后才产生的私有以及私有带来的罪恶感等问题，他们还无法理解。这样，《净土三部经》中劝人醒悟的几宗大罪以及把赎罪作为生存目标来宣扬的部分其实并没有被人们理解，唯有死后前往极乐净土的结论被接受下来并取代了奔赴黄泉的印象。

因此，在当时的时代环境下，人们信仰阿弥陀净土并不是因为它为生者提供了精神支柱，而是出于为亡者进行追善供养的目的，相信阿弥陀佛能把亡者救离黄泉之国。在7世纪至9世纪中叶之间，日本各地制作了很多阿弥陀佛像和净土图，但上面记载的铭文差不多都是向阿弥陀佛祈祷亡者冥福的内容。这一事实可以说如实地反映了如上文描述的那种信仰状态。

宇多法皇和净土信仰

宇多天皇把帝位让给嫡子醍醐后又过了二年，即899年(昌泰二年)在东寺接受真言密教的灌顶，又在东大寺受戒而成了法皇。之后，他不仅作为密教界的领袖人物培养了前面提到的净藏、日藏等一批名僧，在引导人们把阿弥陀净土信仰作为精神支柱方面，也可以说是起到了很大作用。

11世纪中期编成的法华经灵验故事集《大日本法华经验记》

(以下略称《法华验记》)中有一则饶有趣味的故事。要点略记如下。

天王寺有一僧,名道公,为往熊野参拜进香,专门安居(自4月中旬开始往后三个月打禅修行,足不外出)静心。自熊野归来途中,借宿纪伊国美奈倍乡(地名)时听到当地道祖神(保佑行路之人免遭恶灵伤害的道路神)诉苦。道祖神原本是保护人们不受瘟神入侵的神灵,由于灵力衰颓,结果反倒被瘟神控制,被迫为瘟神横行时开道除障,如有不从就受责骂鞭打,实在痛苦不堪。因此希望扔掉小神躯壳,脱离苦难。听了这番话,道公随即为道祖神诵法华经三天三夜,结果道祖神得以往生观音菩萨的普陀落世界了。

正是这样,人们逐渐把熊野看作是通往普陀落净土的入口,或者认为从那里出海就能到达普陀落。但比这更重要的事实是,熊野权现三社本身供奉的主要对象并不是观音,到10世纪之后以供奉阿弥陀三尊的本宫为中心,逐渐发展成了阿弥陀净土信仰的灵地。而奠定了这一基础的人物就是宇多法皇。

宇多成为法皇后不久,时值10世纪初,他仅带一名随从藏人橘良利自金峰山来到熊野,磨炼修验道行。很遗憾现在没有任何文献能反映当时的修行内容。但是根据《日本书纪》的明确记载,伊耶那美神的墓在熊野,在前面列举的小故事中的瘟神可以认为出自她的坟墓。这样一来,就有必要把瘟神=冤魂带来的疫病或死亡牢牢封在它们发生形成的地方——熊野。《法华验记》讲到道公帮助一个道祖神往生了普陀落净土,但是即便那样,冤魂产生的根源——“死”的凶秽依然没有得到净化。于是就需要把净土信仰中最具威力的阿弥陀净土信仰引进到熊野来消灭冤魂,清除死秽。

我们不难想象宇多法皇大概是抱着这种念想踏上熊野的土地的。由于宇多是掌握了真言密教之后，欲凭借其修验道行与伊耶那美神的死灵做一交锋的，因此我们能够这样来把握他的意图，也就是说他尝试着从密教的角度理解并利用阿弥陀佛至高无上的法力，并希望通过阿弥陀佛的净化能力而一举把熊野由“秽土”变作“净土”的。

宇多法皇之所以要通过这种方式来把熊野变成阿弥陀信仰的净土，主要是想从根源上来断绝王权祖先神带来的并开始进犯王城的凶秽。但同时，我们还应该看到当时凶秽忌避观念的膨胀发展，在王权与贵族世界里要求建立净土的气氛正在酝酿成熟。进一步而言，正如前面已有论及，冤魂信仰与神宫寺现象属于相同性质的宗教运动，都是由开始认识到自我罪恶和私有制罪恶的苦恼者们发起的宗教运动。所以，无论密教具有多么强烈的咒术性，它的背后还是包含着罪业意识和赎罪心理的。借助阿弥陀佛的法力让“秽土”变“净土”，从而引导人们来真正理解《净土三部经》的本质思想。——我想这正是宇多法皇的用心所在吧。

《往生要集》的成立

日本式的净土信仰经过空也上人[①]的发展，到惠心上人源信[②]

---

① 平安中期的僧人(903—972)。出家后积极从事修路架桥等善行，还以京都为中心不问贵贱广泛实行“口称念佛”的布教活动。人称“市圣”或“阿弥陀圣”。

② 平安中期天台宗的学问僧(942—1017)，人称“惠心僧都”。以论义与因明学著称，共著书《往生要集》奠定了净土教的理论基础。

的时代已经全面开花了。空也上人据传是醍醐天皇的皇子，关于他的行踪有很多不明之处。一般流传说他在年轻时曾在日本全国游历，把阿弥陀净土信仰和密教联结起来，并自比活的阿弥陀佛，通过施展法术显现奇迹获得了很多地方信徒的归依。天庆年间(938—947)，空也40岁前后出现在京都最热闹的东市，或显现奇迹或一心念佛，引导很多市井民众相信阿弥陀佛。

惠心上人源信出生在大和国葛城下郡一个地方豪族家里，父亲名卜部正亲，母亲是清原氏的女儿。源信于950年(天历四年)出家进入比叡山，以精通尊崇法华经的天台教义和密教崭露头角。9世纪中期圆仁从中国传入净土信仰，从那以后净土教的教义理解很快在延历寺扎下根来。但是，当时这种净土理解正如源信师事的天台座主良源(912—985)思想上所显现的那样，强烈带有显教[①]的教学倾向，对于如何拯救众生、脱离苦海并没有指明道路。而另一方面，由宇多法皇、空也上人等开拓出来的净土信仰通过奇迹显灵，直观地抓住了祈求净土的人心，然而在理论性和普遍性方面却十分欠缺。

在这种状况下，源信决定把空也的成果和天台教学内容之一的净土教融会起来。当时有不少持同样想法的比叡山僧聚集在横川(比叡山三塔院之一)一带，源信也在那儿隐居起来并努力钻研。终于到985年(宽和元年)，为了使人们更好地了解《净土三部经》的精髓，他结合当时的“净秽”观念和罪业意识著述了《往生要集》。

---

① 以语言文字解说示意释尊教诲的派系，与密教相对而言，包括除密教以外的所有佛教派系，又称“显宗”。

《往生要集》在整体结构上与《净土三部经》的不同，只要看全十章的标题就一目了然。第一章“厌离秽土”，第二章“欣求净土”，第三章“极乐之证据”，第四章“正修念佛”，第五章“助念之方法”，第六章“别时念佛”，第七章“念佛之利益”，第八章“念佛之证据”，第九章“往生诸行”，第十章“问答料简”。简而言之，第一章讲述现状认识，第二、三章在此基础上展现了极乐净土的理想世界，第四章以下具体说明想要往生极乐必须实践的念佛以及各种修行的内容。

在讲述现状认识的第一章中，正如标题“厌离秽土”明示，满篇都是描绘人世到处充满着污秽，提倡要厌恶“秽土”，离开“秽土”。这跟《净土三部经》主要记述众生背负五大罪业的现状认识相比，自有天渊之别。仔细读来，第一章中也不乏宣扬众生罪业的内容，但是对罪业本身并没有把它当成一种“恶”来批判，而是把重点放在犯下过错而导致凶秽染身的结果上了。

参照这种结构，我们能清楚地看到，源信也继承了宇多法皇和空也上人曾经想努力克服的同一种凶秽概念，而且还从正面对之加以突出渲染。这跟当时凶秽忌避观念上涨到极点的时代背景是遥相呼应的。因为无论人们怎么通过斋戒物忌来最大程度地封杀凶秽，只要这世上有人出生有人死去，谁都不可能完全从凶秽中解脱出来。假设帝王、贵族们开始具有了这种宿命性的“秽土”观念，那么在现状认识的部分全面打出“厌离秽土”的理念正是吸引这部分人的最佳办法了。

当时的人们既然具有十分强烈的凶秽忌避观念，他们势必具有追求无秽世界的精神结构。而《净土三部经》则指出了西方极乐净土是得到拯救的人们死后要去的世界。源信仿效前人，极力劝说人们要往生无秽无垢的极乐净土。为实现往生,第四章以下便详述了平时经常诵念南无阿弥陀佛的重要性以及学习教义、修行实践的辅助作用。

由此看来,《往生要集》尽管也唤起了当时王权及贵族们的罪业意识,但更有力、更深刻地冲击了人们忌避凶秽的心理。很显然,它是想通过这一杠杆作用让人们来理解《净土三部经》本质的。

就是这样,日本的净土信仰把原本被佛教掩隐在“悟”与“罪”背后的“净秽观”突出到最前面的位置,从而在王权贵族社会中为自己打下了发展基础。

4 希求极乐往生的人们

帝王、贵族们的净土信仰

源信 76 岁辞世,距此 10 年之后的 1027 年(万寿四年),长期领导政界的藤原道长[①]也迎来了死期。当时的场面在《荣华物语》[②]中有详细描写。意识到将要命终的道长让家人把自己安置到早就为这一天准备好的阿弥陀持佛堂内,不停念佛,祈祷极乐往生。道长的外孙后一条天皇也曾亲临念佛现场,又赠送诵经礼品,还与皇太子一同几次遣使探望。断气当天,道长把所有受领[③]以

① 平安中期的大贵族(966—1027),为藤原氏全盛时期的氏族长。世称御堂关白或法成寺入道前关白太政大臣。女儿数人嫁给一条天皇、三条天皇等为妃嫔,权重一时。流传有亲笔书写日记《御堂关白记》。

② 以藤原道长的荣华一生为主要内容按编年顺序记载的假名体历史物语。共 40 卷,时间跨度前后 15 代 200 年。

③ 地方领国的最高长官。

上身份的贵族叫到身边，让源信的徒弟、同样也位居天台座主的院源带领手下僧众不断念佛，他自己则面向持佛堂内的阿弥陀如来像，用五色丝线连结着自己和如来像，听着念佛声，在幻想极乐的恍恍惚惚中咽了气。这段描述非常有力地说明，《往生要集》尽管成书还不到半个世纪，但其思想已深深嵌入了上至帝王丞相（摄关）下至普通贵族的人心当中。

当然，以摄关大臣为首的贵族们首先是一个必须现实地解决政治社会问题的权力集团，所以他们并没有只在厌世观上面对源信的思想产生共鸣。他们既要经营私产，又要执行公务，必须要保持某种现实积极的价值观。但只要他们在这种现实价值观下生存，对往生的希求必然只是作为死后的问题来对待了。而如果再来看《往生要集》，我们就会发现它其实在辅助往生的角度上对现世的佛理学习、修行作善也是予以积极肯定的。这对于一边怀抱厌世观，一边还要担任现实政治活动的帝王、贵族而言，毫无疑问是极其有吸引力的。

朝廷女官们的净土信仰

然而，虽说都是贵族，侍奉天皇后宫的下等女性贵族们接受的净土信仰却稍稍有些不同。被誉为国风文艺[①]之花的《蜻蛉日记》《紫式部日记》《和泉式部日记》《更级日记》都是有名的日记文学，在里面我们能够读到女官们或是把阿弥陀佛作为自己的护身佛，

① 多指自平安中期到后期的贵族文艺，因遣唐使的中止使其中的中国文化影响减弱，日本独自的风格增强。文学方面的假名体物语和女性作家作品较为突出。

或是对现世生活绝望后就一心念佛，祈愿往生极乐，她们的心迹都清清楚楚地反映在字里行间。

奈良时代的后宫是女人们的城堡，大小职务都由女官一手操纵，除天皇之外的男性都禁止入内。在同一时期的中国，后宫的官职大都由宦官担任。与此相比，日本虽然学习吸收了中国式以男性为主的官僚体制，对于女性，尽管十分有限但还是赋予了一定政治权限的。但是，等到王朝国家确立起来后，藏人所与检非违使厅一起成为王权私生活的辅助角色，本来男子禁入的后宫重地，藏人也可以自由出入了。这样一来，女官们便被剥夺了处理天皇身边事务的权限。心头郁闷的女官们为了给同样逐渐失去政治权限的皇后、中宫（妃）、女御（嫔）、内亲王（公主）们解闷消愁，开始聚集到后宫沙龙里来了。在后宫的沙龙里她们根据自己的恋爱体验写成故事，诉说男女之情的虚幻，借以安慰彼此的落寞心情。像《源氏物语》《寝觉物语》等一大批物语故事都不约而同地反映了她们苦涩的心境和恋爱观。这些故事都有一个共通的情节，那就是像《源氏物语》的光源氏那样，男主人公一般都容貌俊美、地位显赫、才气焕发，他们要无数次地经历美丽却转眼破灭的恋爱。这种情况表明，这些物语文学作品正是没落的贵族女性对支配、控制她们的男人们发出的控告书。

这些女性贵族的净土信仰与男性贵族不同，她们对源信的《往生要集》中提出的佛理教学、修行作善等并不感兴趣，她们只是一味地祈愿来世的往生极乐，把阿弥陀佛当成护身佛日夜不停地念佛。这其中的道理也很明白。因为她们通过凶秽忌避观念，一方面看到了男性欺凌女性的罪过，同时也认识到了自身无法让男人们真正解脱的罪过。

武士们的净土信仰

此外，在当时还有一批信仰《往生要集》思想尤为深切的人，他们就是包括武士、从事狩猎渔捞者在内的，时常要犯杀生戒的人。

《今昔物语集》中有一则故事讲一名武士听了源信的说教后泪流满面，终于归依了净土信仰（第十九卷、第四）。这里的武士指清和源氏事实上的祖先源满仲。源满仲晚年在摄津国（今大阪府和兵库县一带）的多田地方定居之后，为了不让长年磨炼起来的武艺荒废，经常带领数百名手下随从围猎、捕捞，以此作为一种军事训练。满仲的儿子源贤决心替父亲偿还杀生罪过，他出家登上比叡山，在天台座主深禅手下学习佛法。后来源贤又到横川跟源信学习净土思想，他请求源信到摄津多田来为他父亲说法传教。源信欣然答应请求，随即带二名僧徒，自称去箕尾进香的途中来到满仲的官邸，劝说满仲与源贤一同归依阿弥陀佛。面对源信的说教，满仲应答如下：

> 有缘承蒙源信法师速来吾宅，讲述无量功德之佛法，给吾以出家入道之良机。吾已年老，犯下杀生罪业无数。今愿落发为僧，长修佛道。

由此可见，通过源信的说法，满仲明确认识到了自己深重的杀生罪过，决心出家为僧，祈愿阿弥陀佛能保佑往生极乐。该故事还讲到满仲下定决心后，第二天就由源信等人为自己剃度出了家，同时把猎鹰、猎鹫放生，丢弃了渔网，烧毁了甲胄弓箭。平日跟随满仲征战的亲信随从中也有50多人剃度出家，最后为了祈祷往生极乐还建造了阿弥陀堂。

像这样，因为杀生罪过而发忏悔之心，归依净土信仰，要求往生的动向不仅见于中央社会的武士阶层，还逐渐扩散到地方上以捕猎渔捞为生的人群中。比如《法华验记》中还有这样的故事。美浓国有个靠渔猎为生的小民叫药延，他为了抵赎平常的杀生罪过，每晚诵念法华经和阿弥陀佛以求往生极乐，后来果然遂了心愿（卷下、第九十四）。这些身份各异的平民们由于自身的杀生职业，结果在理解《往生要集》的思想上却要比帝王贵族们来得更为深刻透彻。

从上面可以看到，源信通过著述《往生要集》，利用帝王贵族们的凶秽忌避观念向他们灌输净土信仰，期待他们潜在的罪业意识能够明显化；此外，他还向从事杀生的人们直接散播有关罪和赎罪的理念，成功地把净土信仰种植进他们的内心，成为他们的精神支柱。

进入法然·亲鸾[①]的时代

这个时期，其他身份阶层的人们，像京城的庶民（商人、手工业者）以及地方的豪族、普通农民中间还没有接受净土信仰迹象。

---

① 法然（1133—1212）为日本净土宗开山鼻祖，讳源空。从父亲遗言出家入比叡山修行，中年以后提倡专修念佛，在京都东山吉水教说净土法门。世人又称之为“吉水上人”“黑谷上人”，谥号“圆光大师”。亲鸾（1173—1262）为法然弟子，净土真宗的开山鼻祖。谥号“见真大师”。

但是，自平安末期的12世纪中叶法然开辟净土宗以降，还有亲鸾的净土真宗、一遍的时宗等在净土信仰基础上发展起来的各宗派逐渐对地方豪族、上层农民的思想产生影响。这首先可理解为当时民众身份多样化、价值体系多样化的结果（后面将作论述），其次是因为人们越来越意识到世上没有可以绝对依靠的东西，最后还是因为私有经营个体的自立使人们普遍认识了私有的罪过。

总之，我们可以这么说，成立于10世纪末的日本式净土信仰是《净土三部经》和构成神祇信仰核心的凶秽忌避观念经过实质性的交融后形成的复合体。由此还可以看到神佛结合思想发展到第三阶段的特征是：一方面凶秽忌避观念不断肥大化、理论化，力图制造出一个可与佛教相匹配的价值体系，另一方面这两者又相互结合产生了一个新的复合体。

第五章　本地垂迹理论和中世日本纪

平安末期、镰仓初期以降，本地垂迹理论和中世日本纪开始登场。所谓本地垂迹，是指菩萨、诸天化身为神灵，在日本各地垂迹显灵的意思，具体可以理解为日本各地神社供奉的神灵都是佛和菩萨的化身。这种教义体系源自佛教阵营对神祇信仰的吸收拉拢，在平安中期开始抬头，自平安后期到整个中世覆盖了整个日本。所谓中世日本纪则是指利用本地垂迹理论对《古事记》、《日本书纪》中的神话以及诸神加以解说的文字。这也是一种从佛教尤其是密教的角度来重新解释记纪神话（即王权神祇信仰的立足点），从而把它们全面纳入佛教世界的行为。

王朝国家确立之前佛教和神祇信仰的关系是如何发展的呢？这从神宫寺中依然存在着固有的神祇信仰以及神祇信仰为了抗衡佛教而建立起凶秽忌避观念等现象中基本可以找到明确的答案。也就是说，佛教并没有把神祇信仰的一切都吞噬抹消掉，而神灵也没有选择一切为佛教服务的道路。相反可以说，那是一段神祇信仰借助佛教力量实现普遍化和理论化的历史。而在其延长线上诞生了《往生要集》。经过普遍化、理论化的神祇信仰有一个核心，那就是发展到极点的凶秽忌避观念。正是这凶秽忌避观念与净土信仰达成了内在性的结合。

但是,《往生要集》的最终目的是要提供一条从本质上理解净土信仰的道路,为此它要尽可能充分有效地利用凶秽忌避观念。换言之,它把神祇信仰的核心部分当作理解佛教的一种手段而彻底加以利用了。在这延长线上全面展开的便是本地垂迹理论和中世日本纪。从这个意义上讲,《往生要集》不妨说是引导出本地垂迹理论和中世日本纪的出发点,也是二者形成的源泉。

本地垂迹理论和中世日本纪都是展示佛教主动吸纳神祇信仰的精彩例子,它们同时也标志着神佛结合的思想已经进入了一个新的发展阶段,即第四阶段。而且,这也可以说是神佛结合思想发展的终点。下面就让我们结合历史的推移来看一看本地垂迹理论和中世日本纪的真实面貌。

1　被佛教理论吸收整合了的神灵

本地垂迹理论的起源

本地垂迹理论的渊源可以追溯到出现脱离神身以及创建神宫寺等现象的时期,也就是说可以追溯到日本神佛结合思想的形成起点。假定日本的固有神灵中没有皈依佛教的运动发生,假定它们没有想以神灵形态得道成佛的愿望,那么佛教势力也就不会从对面迎上来并赋予它们意义,也就不可能出现本地垂迹理论了。

因此,本地垂迹理论按说不是由神灵方面向佛教的靠拢,而是佛教自身积极地进入神灵的世界并且擅自把神灵定位成佛、菩萨化身的。这一点与脱离神身、创建神宫寺的动向是根本不同的。

因为它反映了佛教居高临下,采取主动吸收、整合整个神祇世界的积极态度。而通过10世纪末期的《往生要集》确立起来的日本净土教,更为本地垂迹提供了一个很坚实的基础,使之能够出现在以密教为中心的佛教界。因为这种净土信仰一边站在神宫寺创建和冤魂信仰发展的历史上,一边又不断注意着相反的一端,即在王权世界成长起来的神祇信仰及其主要核心凶秽忌避观念的绝对化,并在历来的成果基础上宣扬罪业、赎罪和往生极乐的道理。正因有了这些,佛教界才能面向王权和世俗社会,最终而且决定性地证明了佛教相对于神祇的优势地位。

这样,进入11世纪以后,孕育了本地垂迹理论的佛教界的一举一动开始引人注目起来。

本地垂迹理论的具体化

根据石清水八幡宫传承的一个文书记载,1023年(治安三年)丹波国(今京都府大部和兵库县局部)冰上郡一个村落的人们苦于旱灾瘟疫,向当地的神灵们祈求保佑,结果八幡大菩萨降下了一道神谕,其中有如下措辞(《石清水田中家文书》延久四年〈1072年〉九月五日太政官牒)。

> 吾乃八幡,垂迹于别宫。然因住民不事供奉,故吾降灾于此。

这个文书在此前提到八幡菩萨在当地建造别宫垂下了圣迹,但这可能并非事实,而只是为了突出八幡菩萨在该地的存在。不过重要的是接下来的部分，接到神谕后惊慌不已的居民们立即在祭神的场所盖起神殿，塑造了八幡大菩萨像虔诚祭拜，结果就带来了五谷丰登、乡土安宁的局面。这些文字背后估计有石清水的僧侣们为宣扬八幡信仰进行的活动。他们告诉人们想要祈祷五谷丰登和乡土安宁，就得招请八幡大菩萨来此垂迹，化身为当地神灵。而且这一意思是通过八幡菩萨降谕的方式表达出来的，因此也很容易被居民们接受，从而达到建造神殿神像的目的。

此外，成立于 12 世纪的《东大寺要录》中也有一则比较有意思的记载，那是伊势神宫的祢宜（神官）延平的日记。里面讲到，742 年（天平十四年）敕使橘诸兄传达天皇旨意下令建造神宫寺，过了片刻只见天照大御神显形，降下一道神谕。上面说：

> 当朝乃神国，故理当奉仰神明。然吾身本是日轮大日如来，是卢舍那佛。尔等众生须晓解此理，归依佛法。

我们知道这类内容的神谕不可能在 8 世纪出现，因此这则延平的日记和神谕基本上可以断定为稍稍早于《东大寺要录》的编撰，即大约在 11 世纪中后期写成的。但即便如此，至少我们了解到，至 11 世纪末期已经出现了一种言论：王权神话的中心神灵，即坐镇伊势的天照大御神也主动宣称是大日如来化身的垂迹。

本地垂迹理论的展开

到 11 世纪末期，本地垂迹理论就已经成长到这种程度。而由此往后从院政时期[①]到镰仓时期，全国各地的神社纷纷展开了运动，把各种神灵逐个认作是诸佛诸菩萨化身或权现[②]。

1234 年(长承三年)，鸟羽法皇的亲信源师时跟随法皇拜诣熊野三山[③]时，向该神社的修行者长老请教了三山大小各社神灵的本尊本体[④]，并把结果记录在日记《长秋记》里。现摘录部分如下：

"社殿"	"神名"	"本体"
丞相(本社)	和命家津王子	法形阿弥陀佛
两所(那智)	西宫结宫 女形	本体千手观音
中宫(速玉)	早玉明神 俗形	本体药师如来
以上三所		
若宫 女形		本体十一面(观音)
禅师宫 俗形		本体地藏菩萨
圣宫 法形		本体龙树菩萨
儿宫		本体如意轮观音
子守		正观音
以上五所王子		

---

① 院政是指退位以后的上皇或出家的法皇实际上操纵朝廷政治的治国形态。日本历史上的院政时代通常认为是从治历四年(1068)后三条天皇即位开始到承久三年(1221)的承久之乱为止的大约 150 年间。

② 佛菩萨为救济众生的假托显形或所显之形，又称权化。在本地垂迹理论里指佛菩萨化身为日本神灵，或指其神灵。著名的有熊野三所权现、山王权现等。

③ 建立在熊野(今和歌山县西部到三重县北部一带)的三座神社、即熊野坐神社、熊野速玉神社、熊野那智神社，又总称熊野三社。其中供奉的就是熊野三所权现。

④ 日语原文"本地垂迹"中的"本地"指化身为神灵显形之前的佛菩萨的本体。以下译文基本上把"本地""本体"按同义处理，文中出现"本地垂迹"的组合表达时沿用原文，其余原则上都译作"本体"。

一万为普贤，十万为文殊，劝进十五所为释迦，飞行夜叉为不动尊，米持金刚童子为毗沙门天，礼殿守护为金刚童子……

由此可见，熊野三山的本尊主神自不必说，它周围的大小眷属神灵也都按照各自的性格和职守被看作是各种各样的佛或菩萨的化身。

熊野自9世纪末10世纪初宇多法皇等先人打下基础以来，其形象被一次次地往净土灵山的方向塑造。到12世纪初期，这些塑造运动初见成果，终于建立起一个固定体制，给三社的本尊神灵分别配上了佛教本体神。其中位居三山中心的本社以阿弥陀佛为本体神，作用是把善男信女引导向极乐净土；那智社的本体神是千手观音，能把人们引向普陀山净土；速玉社的本体神是药师如来，能把人们引向净琉璃净土。也就是说，这些神社在洞察到凶秽忌避的流行观念之后，准备从全方位来满足人们希求往生的愿望。本地垂迹理论正因为最大程度地吸收了神祇信仰中的凶秽忌避意识，才能成功地把熊野固有的神灵都转换成佛、菩萨垂迹或化身的符号来解读。

《梁尘秘抄》颂赞的本地和垂迹

还需要说明的是，在当时一般认为本体佛或本体菩萨都有各自特定的灵验。12世纪末由后白河法皇编撰的“今样”歌谣集《梁尘秘抄》[①]很生动地反映了这一点。下面略举几例。

---

① 后白河法皇(1127—1192)编撰的“今样”歌谣集，共10卷。“今样”指平安中期到镰仓初期流行的新样式的和歌。跟传统的和歌5、7、5、7、7调子的构成不同，今样歌由7、5调一句的歌词共4句构成。

佛神千千万，实皆在一身。药师弥陀弥勒佛，如作释迦大日闻。

阿弥陀佛发誓愿，遍遍誓愿感人心。一度口称御佛名，即可成佛得道行。

药师十二大宏愿，悉除众病感人心。诵念一经在耳际，皆令满愿实可钦。

观音大士悲作筏，长泛普陀落迦海。若遇有人求善根，即为载舟度极乐。

这里是这样颂赞各佛的，说大日如来是最高佛祖，阿弥陀佛能救助善男信女往生成佛，药师如来替人疗病消灾，观音菩萨救苦救难，引导众生到普陀落净土。因此，只要向对应的神灵祈求，它的本体佛就会发挥灵验。这也是本地垂迹理论发展到的一个阶段。这一情况在同集的另一首歌谣中表现得淋漓尽致。

本体观世音，常在普陀山。为度我众生，示显大明神。

与这首歌谣完全一模一样的字句也见于颂赞日吉白山妙理权现的“礼赞文”里。人们在向白山大明神祈祷的同时，又盛赞了明神的本体佛观音菩萨救济众生到普陀山净土的功德。

《诸神本怀集》的系统记录

从平安后期到镰仓初期，全国各地各神社越来越多的神灵都被冠以了某佛某菩萨垂迹的名号，结果，到镰仓时期一些著名神社的本体佛逐渐成了人们共同认识的对象。这一点从当时还发行有多种介绍各地名社本体佛的书籍手册上面也能窥得一斑。而1324年(正中元年)一个名叫存觉的僧人编著的《诸神本怀集》则更加系统地记录了这种情况。部分内容摘记如下。

鹿屿大明神之本地乃十一面观音。和光利物之荫普照一天,利生济度之德远播四海。故有托愿之人皆成现当(现世和来世)之悉地(密教秘法指引的开悟),有诚心之辈皆满心中所愿。深宫御前(神社境内的镇社神灵)以不空绢索菩萨为本地。左右八龙神(护社神之一)乃不动毗沙门。众生若各有所求,济度定皆不空。此明神善假身托形,在奈良京为春日大明神,在难波京(地名,今大阪)现为住吉大明神,在平安京或为大原野大明神,或为吉田大明神。然处处施与功德,一一示现灵验。本社末社,功德无不圆满,洛中洛外(指京都内外),济度无不慈悲。小守御前(概指熊野的小守宫)在鹿屿为深宫御前,在春日为五所之宫。天照大神乃日天子,为观音菩萨之垂迹。素盏鸣尊(即须佐之男神)乃月天子,为势至菩萨之垂迹(观音势至为阿弥陀佛两侧侍者)。此二菩萨既承弥陀如来悲智(慈悲与智慧)二门,此两社必为弥陀如来之分身。两社既然,以下诸社无不承仰弥陀之善巧方便。

承接上面这段内容,作者对熊野权现的本体佛还作了如下解说。即,本社证诚殿的本尊为阿弥陀佛,两所权现中的西御前(那智社)为千手观音,中御前(速玉社)为药师如来,五所王子(五所权现）中的若王子为十一面观音，禅师宫为地藏菩萨，圣宫为龙树菩萨，儿宫为如意轮观音，小守宫为圣观音。在熊野的末社[①]当中，一万宫为文殊菩萨，十万宫为普贤菩萨，劝请十五所为释迦如来，飞行夜叉为不动明王，米持金刚童子为毗沙门天王。

接下来又说明大箱根三所权现[②]的法体是文殊菩萨，俗体是弥勒菩萨，女体是观音菩萨。三屿大明神[③]的本体佛被认为是药师如来。此外还提到八幡宫[④]的三神分别对应了阿弥陀佛、观音菩萨、势至菩萨；日吉社[⑤]的大宫即释迦如来，地主权现是药师如来，圣真子是阿弥陀如来，八王子是千手观音，客人是十一面观音，十禅师是地藏菩萨，三宫是普贤菩萨。还有祇园社[⑥]的神灵是药师如来，稻荷神社[⑦]本来是圣如意轮观自在尊，白山神社[⑧]是十一面观音，热田神社[⑨]是不动明王等等。

光看上面这些，我们就能了解当时的人们是如何对佛菩萨的

---

① 附属于大神社总道场的小神社。相当于寺院中的末寺，即分寺院。

② 位于神奈川县箱根町芦之湖东岸的神社。祭祀的神灵为琼琼杵神、木花开耶姬神和彦火火出见神。又称箱根权现。

③ 位于静冈县三岛市的神社，祭祀神灵称三岛（屿）大明神。

④ 以八幡神为祭祀主神的神社总称。起源于大分县宇佐市的宇佐八幡神宫，后来被迎请到各地，主要有京都的石清水八幡宫、镰仓附近的鹤冈八幡宫等。

⑤ 位于滋贺县大津市的神社，古来以山王权现著称，深受朝廷的尊崇。

⑥ 今京都祇园八坂神社的旧称。

⑦ 日本全国各地都有稻荷神社，但总社在京都市伏见区的稻荷山西麓，俗称伏见稻荷大社，创始于公元 711 年。

⑧ 又称白山比咩神社，总社在石川县石川郡，全国其他地方也分布有白山神社，都为分社。又称“白山权现”。

⑨ 通称“热田神宫”，位于名古屋市热田区，主祭热田大神，神灵原形为“草薙剑”。

本地垂迹深信不疑，是如何渴望了解全国著名神社中供奉的本体佛及其效验的。

由此看来，本地垂迹的信仰到14世纪初的镰仓末期已经遍及了整个日本，各地固有的神灵不光皈依了佛法，他们还被理解成是密教中的佛、菩萨、诸天王的化身，以神灵的面貌来施展法术，显示灵验的。

不管怎么说，在本地垂迹的理论上，从佛教势力主动把日本固有的诸神包容起来而定位为佛菩萨化身这一点来看，比起神宫寺刚刚出现的阶段，佛教已远远凌驾于神祇信仰之上了。佛教积极主动地用自己的逻辑理论来聚合各地神灵的能量，可以说充分体现了当时的时代性格。

2 王权神话的转读和创作

王权神的地位下降

平安末的院政时期以降，在密教僧侣的推动下，把日本所有的神灵看成佛菩萨化身＝垂迹的运动日益普及开来，在这过程中，如果有人尝试着要根据本地垂迹理论重新诠释统率众神的王权神或者改写及其事迹＝神话，那是丝毫不足为奇的。

早在11世纪末12世纪初，就有当时首屈一指的大学者大江匡房[①]把他在大宰府任职大宰权帅期间，尤其从刚赴任的1097年

---

① 平安后期的贵族学者(1041—1111)，因担任过太宰府的长官权帅，世间又称其为“江帅”。后冷泉天皇以下五朝为高官，著有《江家次第》《本朝神仙传》《续本朝往生传》等。其谈话录被编撰成书，称《江谈抄》，流传于世。

(承德元年)至1106年(嘉承元年)之间,从当地筥崎八幡宫的神主、社僧处听来的传闻逸事记录下来,编成了一册《筥崎宫记》。耐人寻味的是,这其中有一则逸闻是关于新罗和尚道行偷盗热田宝剑未遂一事的(是岁,沙门道行盗草薙剑,逃向新罗。然途中遇风雨,慌迷而归),这在《日本书纪》天智七年(668年)条内容中所见,而《筥崎宫记》则记录如下。

> 新罗僧道行攻入日本,系缚众神于瓶中。热田明神化作昔日素盏鸣尊献上之天丛云剑(草薙剑)欲逃离之。此时新罗僧道行以袈裟裹剑,并欲将其他众神囚禁于宇佐八幡宫。然此剑一飞冲天,僧无以制止,沿山阳道①上至备后(今广岛县东部)时,僧为宇佐八幡神所踢而毙命。然后,其余诸神皆自瓶出,恢复原态。此实为八幡神之本体阿弥陀佛佑护之果。

在这里,发生在《日本书纪》天智天皇时代的一个事件不仅被神话化了,而且提到保护热田宝剑免遭盗窃的是八幡大菩萨及其本体阿弥陀佛。我们知道,八幡大菩萨是神佛结合思想中要求成佛的神灵。

这样看来,作为帝王的指引者,阿弥陀佛的作用胜于伊势神宫天照大神的思想不日便可渗透到王权的心脏部位,尽管后者历来是王权的精神支柱。实际上《平家物语》的高潮部分,写安德天皇

---

① 连接播磨、美作、备前、备中、备后、安艺、周防、长门八领国的道路。

投水自杀的一段情节中充满了这种理念。外祖母二位尼时子怀抱幼帝安德天皇投水之际,对怀中的外孙说了如下一段话。

> 君或未知。君前世依十善戒行之功德,生而为万乘之主。然今因于恶缘,运数已尽。故宜先向东拜别伊势大神宫,恭承得往西方净土之旨意。再向西高声念佛。此国土既令人心忧,愿随君欣然奔赴极乐净土。

面对身处困境的帝王,伊势大神救助乏力,只有仰仗极乐净土阿弥陀佛的无边法力。这种观念在这段文章中体现得十分浓厚。我们知道,在平安初期身居帝位的天皇以规避凶秽为由,从不参加佛事法会,但到了平安末期镰仓初期,即 12 世纪末至 13 世纪初,天皇临死前心向往之的竟然不是高天原,而是在阿弥陀佛接迎之下才能到达的极乐净土。因此,这个时期,在王权或寺院神社势力的世界内当然会有人开始用佛教,特别是密教的理论来重新诠释或者改写记纪神话的故事情节了。

密教笼罩下的伊势神宫

13 世纪后半期,即到了镰仓中期,甚至在王权神祇信仰的最高圣地——伊势神宫也出现了用密教来解释记纪神话,或从密教的角度来说明该神宫的布局样子、神事活动的动向。

尾张国一个名叫无住的僧人编撰了一本为普通民众说法讲道用的指南故事书《沙石集》,该书开篇就记录了弘长年间(1261—1264)无住自己参拜伊势神宫时,从社官(神主)那儿听来的一段话。现摘记如下。

伊势神宫如今仍忌讳提到佛法，禁止僧侣参拜时靠近神社正殿。其中深有缘由。远古时尚未有日本国，某日，天照御大神在海底发现了自己的印，也即大日如来的印文，便探下长矛触点。提上来时聚集在矛尖上的水滴变成了日本国土。密教第六天界的魔王见此情形心生恐惧，以为在水滴凝成的国土上佛法会自动流布，人们都祈愿来世。于是他从第六天界降下以阻止佛法流行。天照大御神为压制魔王的企图前往与之谈判，跟魔王立下约定：不唱三宝名号，不让三宝近身，说服魔王返回天上。

故此在本社，遵天照大御神之约定，不令僧侣进殿参拜，在社内祭坛上不持佛经。不直呼三宝之名，把佛称作"呆立不动像"，把佛经称作"染纸"，把僧侣称作"长发"，把佛堂称作"捆木"等等。表面上忌讳佛法，但天照大御神本身为大日如来，内心信守三宝。故我国佛法兴隆当归于天照大御神之守护。

故有关须佐之男神大闹高天原等的神代故事也都生自大日如来印文。伊势内宫及外宫①分别代表胎藏、金刚两界的大日如来。天之岩屋户与高天原则相当于佛教所谓的"斗率天"。……

① 位于三重县伊势市的伊势神宫是日本天皇皇室的宗庙，建造格局分为皇大神宫（内宫）和丰受大神宫（外宫）两部分，分别供奉天照大御神和丰受大神。

> 本社对杀人者不问死罪，治于流放，为其在佛法该当波罗夷之罪[①]。打人或致刀伤者解除神官职位，为其在佛法该当轻罪。本社斋戒(物忌)与他社不同，遇生产唤之“生气”，规定斋戒五十日。遇死者唤之“死气”，也规定斋戒五十日。人之死自生而来，生自死而始。故同样忌生忌死以消除执著生死之心，超生死入悟道之境。

《沙石集》记载的是伊势神官说的话，这十分明显地反映出，自平安后期开始出现的对《古事记》《日本书纪》等神代故事进行佛教化、密教化改造的势头已经迫近侵入到了伊势神宫内部。而伊势神宫恰恰是这些古代王权神话最忠实的维护者。而且耐人寻味的是，伊势神宫毕竟是神祇信仰的总道场，它表面上坚持绝不接近佛教的态度，但内心却深深皈依佛法，并由此认为天照大御神以及神代神话都源自大日如来，并为防止第六天魔王捣乱，隐瞒了信仰佛法的真相。对佛教方面来说，想要把最难进行佛教化的伊势神宫也收纳入自己的体系，就有必要采取这样精心改造神话的手段。

中世日本纪的完成

从镰仓末期经南北朝[②]直到室町时期，相当于西历 13 世纪后半期到 15 世纪之间，这个时期日本全国的主要神社纷纷从各自的

---

① 佛教戒律中最严重的罪行，通常指淫、盗、杀人、大妄语四种。犯戒者会被放逐出教团。

② 自 1336 年至 1392 年的 57 年间，日本历史上出现了两个皇统并立的局面，由大觉寺统主持的南朝和持明院统主持的北朝。通称南北朝。

立场出发对记纪神话进行密教化。所谓的两部神道[①]就是这些运动的成果，而相关的言论便总称为中世日本纪。推动神祇信仰密教化的除了密教僧侣之外，在他们的影响下各神社的神官也开始主动接受密教，以各种各样的形式建立起两部神道。

两部神道的理论结构因神社而异，作为一个典型例子，在这里让我们看一看热田神宫编撰的《神祇官私记》。要点略举如下。

> 远古时期，伊耶那岐、伊耶那美男女二神将天之矛插入海中，四处探点后提起来时有矛尖上水滴落下化为岩石，即为我朝苇原乡[②]之母体。二神思量为此国命名，只见当时有大日如来结地结之印坐于国土正中。二神见状，以为此国土将成三身相应、末代佛法成就之地，不胜欢喜，决意弘扬佛法，并取大日如来镇坐之意给国土命名为大日本国。
>
> 此二神所生之天照大御神（大日如来）为我朝之主，垂迹高天原，统治南阎浮提（日本）。我日本国自十一代人皇垂仁天皇御朝始供天照大御神。时天照大御神显形伊势，五十铃河上祭祀以来，大御神君临日本国六十余州大小神灵之上。深居内宫，又称广（皇）大明神宫。外宫主神原为伊势本地神灵，自天照大御神降临之后，外宫自称愿侍奉内宫，天照大御神大喜。此后，伊势神宫之内、外两宫分别与两界——天照大

① 借助真言宗的金刚、胎藏两部教理来解释神灵世界的神道理论。以本地垂迹理论为根本宣扬神佛调和的神道，给日本的固有神祇都冠以了菩萨权现的名称。其萌芽见于最澄、空海等人的教说。

② 记纪神话中称日本国为“苇原之国”或“苇原中国”。

御神即大日如来之胎藏界和金刚界相应。

熊野权现本为伊耶那岐神。白山权现本为伊耶那美神。伊耶那岐神后创造日本国土，并将国土让与天照大御神掌管，自成摩诃陀国国王，然本来为我国之神。后伊耶那岐神以为日本胜任末代佛法成就之地，故飞还至纪伊国音无川畔，显身为熊野权现，守护国土、济度众生。且说伊耶那美神，将山野让与入羽明神之后渡白（百）济国为大王。后又归至日本国，作北陆白山权现，辛苦济度众生。

第六天魔王发现日本国，以为“日本国为大日如来镇坐之国，末代将有释迦佛出世弘扬佛法。此大为不可”，故降临日本国统治长达六万五千年。对此，天照大御神以为“日本国乃我父母伊耶那岐、伊耶那美开辟之地，让与我治理由来已久。魔王不该无故夺取”，往见第六天魔王要求返还，此时魔王正怒气冲冲于须弥山顶察看南阎浮提之状。（见大御神）魔王提议曰：“我不欲国土。但以为彼地末代弘扬佛法实属不该。汝若能立誓不闻不见佛法之名，我可将国土交还。”天照大御神许下约定道，“我为国王，我不弘佛法，谁敢弘扬?”并以不涉佛法之名为交换，取得神玺。此后，（天照大御神以及伊势一地）不用经纶圣教，僧人不参拜伊势神宫。

热田大明神手持之剑原为爱染明王之三摩耶形剑，佛祖在世时赐传于仁王。有当此剑辉光者，无不成佛。为使参拜热田神宫者不堕三恶道，神剑垂迹尾张国。（往昔天智天皇御朝）新罗国王欲得此剑，僧道行受命渡来日本，欲夺热田神宫之剑。而（热田大神）得住吉大神之助，逃向筑紫并击毙道行和尚，取神剑纳于天皇宫中。（神剑）居宫中两年，于朱雀元年三月十八日归还本山（热田）。

热田大明神之本体乃天竺国伽毗罗国之主，为一巨石，名曰“佛生石”。为济度众生垂迹日本尾张国爱知郡。

该书把记纪神话从头改写成带有浓厚密教色彩的故事，其大致结构是，开篇讲述伊耶那岐、伊耶那美的事迹以及天照大御神与魔王的约定，接着是天照大御神统治高天原（后面是须佐之男神的故事，本书引用从略）、垂迹伊势神宫的内容，在此基础上讲述热田神宫的来历。关于草薙剑，记纪神话中本来是借此来说明王权祖先神天照大御神与热田神宫关系的，而该书不仅仅按佛教的逻辑转读了草薙剑的传说，甚至可以说把它完全改写成另一个不同的佛教故事了。此外，该书还重新解说了各路神灵都是由相应的佛菩萨化身而成的道理。

至此，中世日本纪已超出用密教解释王权神话意义的范围，达到了用密教创作王权神话的境地。当时其他诸神社编撰的日本纪尽管形式内容多种多样，但在“创作”这一点上都是一致的。这样看来，这种动向与几乎在同时期确立的本地垂迹理论——看准了全国所有神灵的性格特征后，把它们分别与密教中分工不同的佛菩萨匹配起来，并看作是后者的化身——是完全相呼应的。

如上所示，神佛结合思想进入了第四阶段。也就是说，在院政时期以后到中世逐渐展开的时期，神祇和佛教一方面以各自本来的面貌共存着，一方面佛教对整个神祇世界开始进行包容、引导和整合。而自此以降，神佛结合思想不再有新的发展。相反，在往后的历史上，以宣扬神祇统治佛教的反本地垂迹理论为支点，出现了神佛分离的倾向以及在此基础上成长起来的垂加神道①，继而进一步向国学②方向发展了。因此可以说，至此神佛结合的思想已经走到了发展的终点。

3　在王朝国家的危机中

前面我们看到，促使凶秽忌避观念肥大化，并且让净土信仰在日本固定下来的社会条件可以归纳成三点。第一，是私权阶级的聚合体，即王权本身具有的文明价值体系的需要。第二，在该种状况下生发出来的王权贵族们的厌世观。第三，凶秽忌避观念以及杀生观促使社会分工越来越细，尤其是产生出一大批不得不以杀生为业的人。

当神佛结合思想发展到第四阶段时，佛教界与王权紧密联系，把自古以来的神祇神灵转读成佛菩萨的化身垂迹，甚至用佛教原理来对王权神话加以重新诠释或再创作；那么，这种情况是在怎样的社会、历史背景变化之下产生的呢？

先让我们来看一看第四阶段特征渐露端倪的平安后期是一个什么样的社会历史状况。

---

①　由山崎阇斋（1618—1682）首倡的神道理论，以“天人唯一”思想为根本，配以阴阳五行因素和“居敬穷理”之说，集唯一神道、吉川神道等诸家学说之大成。

②　在日本，在《古事记》《日本书纪》《万叶集》等古典作品的文献学研究基础上来探究儒教、佛教传入之前的固有文化及精神的学问被称为“国学”。尤其在近世，随着学术进步和国家意识的勃兴，本居宣长等人确立了国学的地位，主要相对于重视中国文化影响因素的“汉学”而言。

平安后期的地壳变动

11世纪中叶以后，王朝国家光靠历来的国家制度和价值观已经难以维系其统治。首先在10世纪末11世纪初的地方社会开始出现了变化。以上层农民为中心，私田的领有和经营越来越普遍，而原先只有那些豪族阶层或特殊的上层农民才能做到这一点。不仅如此，正如上面提到的丹波国冰上郡的一个典型村落那样，实现了私有经营的人们各自独立之后，为了克服旱灾、疫病等灾害又结成了新的共同体＝中世的村落。因此，这种共同体并不是由所有成员都平等一致、不分彼此而自然形成的，而是围绕着某些单靠个体经营无法解决的事项，比如灌溉、插秧、收割、公用地利用等等，由从事相同作业的经营体抱着明确目的而结成的村落。

这样的村落在日本各地陆续出现后，社会内部也就正式展开了精细的社会分工。为了维持农村生活，农民必须专心从事农活，所以像狩猎、捕捞、手工艺、经商等其他职业就要交给比以前更专业的人们去做。这些非农业居民们便也逐渐建立起了同行者的共同体以及相应的身份集团。

面对这样的局势，继承了私田领主的源流又高居于一般私田领主之上的地方领主企图通过掌握各地主要产业的领导权，比如在农村领导农民，在沿海领导渔民，从而实现对其他各种身份居民的统治管理。但是，以农村为主的各个产业领域都具有比较强的自立倾向，想要把它们统一管理起来并不容易。

在这种情况下，地方领主们采取的对策是先把那些想要自立独立的人们纳入公共体系或国家制度中。他们打入很早就建立有紧密关系的国衙内部，取消历来实行上下直线领导的郡乡制度，把郡和乡编为直接受国衙领导的同等基层单位，还把农民新开辟的土地冠以别名、保等名称与郡、乡同列编制，由他们自己来担任这些郡、乡、别名、保的长官。他们正是企图用这样的制度来限制大小村落，把它们编入自己的统治之下。

然而这种手段未必十分有效。因为我们只要翻看史料就能明白：很多情况下，保和别名并不属于领主，而是作为其手下农民们的共同财产存在的。

在领主与武士的势力相对薄弱的京城及周边地区，这些由不同身份的人们组成的共同体社会完全被那些依仗大日如来的威力，甚至敢于拒绝王权干涉的密教大寺院或神社所吞没，人们积极地向寺院、神社捐献自己的土地，结果寺院、神社拥有了庞大的寺社领地，从 11 世纪末到 12 世纪初其范围甚至扩大到东国、西国等偏远地带，从而越发对王权不尊重起来。

而在领主与武士的势力相对强大的东国、西国等边境地区，农民不能突破这股强大势力。相反自 11 世纪后半期以来，领主为了压制住以农民为首的各阶层的联合反抗，开始积极向武士这个专业战士集团靠近，或通过姻亲关系或通过主从关系，逐渐走上武士化道路。其结果，武士势力在边境地区迅速成长起来。以王权代行人身份镇压了平忠常之乱（1028—1031）的清和源氏在 11 世纪中叶把八幡神招请到自己的根据地镰仓附近的相模国寒川神社，又引入由菅原道真的冤魂演化而来的天神信仰与之结合，通过这种手段将来自四面八方的武士力量凝聚起来。然后，经过前九年之役（1051—1062）・后三年之役（1083—1087）的源氏确立了作为武士统帅的地位。他不仅觊觎着兵权，而且还代表了地方领主阶层的利益，对京城及周边地区产生了很大影响。

向王权渗透的本地垂迹理论

11世纪末期由白河上皇开始实行的院政统治面临的正是如上所说的社会状况。这时期，从后朱雀、后三条天皇两代开始的制度改革——主要有庄园限制和郡乡改制——依然进行着，但王权又不得不编出新的统治理念。因为像武士那样对杀生之罪和凶秽毫不介意的人在全国各地纷纷出现之后，光靠凶秽忌避观念的统治已不再奏效了。

白河、鸟羽、后白河、后鸟羽四天皇在退位之后，之所以都仿效宇多以上皇的身份遁入佛门成为法皇，应该说也跟上述情况有关。我们已经知道密教具有包摄古老神祇信仰的力量，而寺院、神社则动员了密教的这种力量通过本地垂迹理论给神祇信仰注入了新的更高层次的能量，并为对抗武士打下了牢固的基础。亲眼目睹这些变化的王权势必要用密教来武装自己，把本地垂迹理论吸收进来，作为辅助制度改革和组织社会的一种方法。在后三条与白河两朝作为天皇股肱之臣的大江匡房，始终在摸索一种符合各领国实情的治国理念，他在《筥崎宫记》里记录了热田宝剑遇盗事件（前文所举），恐怕也与此有关。

自白河上皇开始的“今样”歌谣统治，待到后白河上皇的《梁尘秘抄》问世可以说基本成形了，这部作品中能找出很多赞美佛菩萨功德及其神灵化身的“今样”。从这一事实，我们也不难看出，身居王权巅峰的后白河法皇自身又是怎样迫切希望通过“今样”歌谣把深入民间社会的本地垂迹理论拿来为我所用的。《平家物语》写到安德幼帝投水自杀前，外祖母二位尼时子让他先拜别伊势神宫，再祈求往生阿弥陀佛所在的极乐净土。这段描写同样清楚地反映出王权开始把佛教的神佛作为自己的精神依托，而供奉着祖先神天照大御神的伊势则退居到了其次。

总之，凶秽忌避观念日渐失去了它的强制力，帝王贵族们为时势所迫不得不容忍凶秽的存在。比如，1108 年（天仁元年）正月，受朝廷提拔取代源氏成为护国将领的平正盛取得源氏统帅源义亲的首级凯旋归京，贵族们尽管对死人头颅经过京城大道的"触秽"行为十分不满，但是面对战功赫赫的平正盛只是敢怒不敢言，权当作没发生此事来处理了（见于《中右记》[①]同年正月二十九日条）。

武家势力的迅速抬头让平安末期的王权产生了一种危机感，于是它一方面需要根据情况适当抑制凶秽忌避观念，尽管它是神祇信仰的核心；一方面又试图将统治安置在本地垂迹理论之上，以便为自己打开局面。

编撰出中世日本纪的王权和寺社

一心想融入王权世界的平氏一族，尽管企图通过与贵族共享同样的价值观来确立武家政权，但是其野心以失败告终。清和源氏的嫡系子孙源赖朝于 1180 年（治承四年）在流放地伊豆举兵，数年之间控制了整个东国，并凭借武力在坛之浦（今山口县下关市）

---

① 中御门右大臣藤原宗忠（1062—1141）的日记，记录了自堀河天皇到崇德天皇的 50 余年间（1087—1138）的政治、社会情况。

杀尽了平氏一族。他后来甚至还把自己征战与共的胞弟源义经当作谋反者给诛杀了。到1185年(文治元年)底,源赖朝在每个领国安置了守护[①],每个庄园公领地安置了地头[②],他不仅从朝廷手中夺过来军事检察权,还迫使朝廷承认自己的权力是一种公权,成功建立起镰仓幕府。

结果,日本出现了两个国家权力,一个是自古以来的王朝势力,即朝廷;一个是纠集了整个武士势力的镰仓幕府。由于中世社会逐渐分裂成包括公家(王朝公卿)、武家(武士阶层)、寺院神社、农民、手工业者、商人、贱民等的多种身份阶层,这些具有不同价值观的阶层之间难免会发生倾轧摩擦,而一旦发生争斗纠纷就需要用武力来解决,这时候武士所起的作用对所有阶层来说都是必不可少的。这样一来,顺应时代潮流登上历史舞台的第二国家权力——镰仓幕府的威望必然会越来越高。1221年(承久三年),对幕府势力的迅速成长心怀忧惧的后鸟羽上皇发动了“承久之乱”,可是在一个月之内就被幕府镇压下去。取得胜利的幕府拥立了新的后堀河天皇,但实际上不再听从天皇的决断,哪怕只在形式上。结果致使后鸟羽上皇、土御门上皇、顺德上皇三人作为叛乱首犯被处以流放之刑。这一史实说明当时幕府已经从王朝国家独立出来,成长为一种能够掣肘王朝国家行为的武力型公权主体,并且得到社会认同了。

---

① 由源赖朝开始在各领国设置的官职,主要担当从领国派遣宫廷警卫,纠查叛乱、杀人等案件。后来权利逐渐扩大,向领主身份转变。

② 平安时代指庄园中管理土地的庄官,1185年源赖朝在各地庄园·公领地设置的地头由武士担任,掌握有庄园内的检察大权,后来逐渐走向领主化。

这样的时代一经到来，忌避杀生、凶秽的王朝价值观开始动摇；相反，认为杀生和凶秽的现实不可避免的观念在整个社会成长蔓延开来。

在同时期推动了净土信仰发展的法然、亲鸾等人的思想中也有类似倾向，尤其是亲鸾，在他的著书《叹异抄》中把杀生行为都当作生存上的“需要之恶”统统容忍了。如果我们想起趁凶秽忌避观念的潮流劝人往生极乐的源信，就会知道就在净土信仰的世界内部，从10世纪末以后的200年间发生了多么巨大的转变，甚至出现了肯定凶秽杀生的思想。镰仓幕府通过守护、地头给全国的武士灌输八幡、天神信仰，是有两个理由的。首先，对于作为武力型公权主体的幕府而言，这些信仰是从内外两面支持自己的精神支柱。其次因为当时八幡神还通过举办“放生法会”来减赎杀生罪过，进一步保持了武神的威望。

武家幕府凭借佛教力量获得了从事实上肯定凶秽、杀生的观念时，这对王朝国家和寺社势力的打击是非同小可的。因为这样一来，王权必须进一步摆脱凶秽忌避观念的束缚，与寺社势力牢固联结，把佛法当作王法的精神支柱来大肆宣扬；还需要在全国范围内对武士等各阶层信奉的、带有神佛结合特征的神灵们进行重新编制，并把伊势神宫放在第一位；然后再根据神灵们的性格逐个明确各自的本地佛，不厌其烦地告诉人们日本所有的神灵都是这些佛菩萨的垂迹，还需要亲自对王权神话从佛教角度加以改造。王权的这些活动其实也是历史的必然。因为当时，武士开始通过八幡神和天神信仰把佛教也拿来作为自己的一种精神武装，如果王权再不积极行动，那就不可能从精神领域来重新限制武士及其影响下的民众了。

从镰仓中期到后期，本地垂迹理论覆盖了全国所有神社，与王权神话有着深厚因缘的伊势神宫甚至也全面地从密教意义上对记纪神话进行了重新诠释，导致这种时代变化的根本原因，我以为就在于中世社会的形成过程中社会各阶层与公权势力之间的矛盾上。

遍播庶民世界的本地垂迹理论

此后，本地垂迹理论又有了怎样的发展呢？下面来作个简单的素描。

14世纪后半到15世纪初，经过南北朝动乱后建立起来的室町幕府几乎吸收了王朝国家的所有权力和职能，确立起武家的王权。其精神支柱不再是八幡神和天神信仰，而是主张在现世通过苦行修炼到达悟境的禅宗。王朝国家地位一落千丈，其主要权能只剩下给幕府首长冠封"征夷大将军"的名号，可以说它仅仅作为室町幕府粉饰权威的一个源泉，依靠自身在文化领域内的积淀苟延残喘。

不过，与王权携手已久的寺院、神社方面，情况稍有不同。他们尽管也一定程度地受到禅宗等新兴势力的压迫，但是由于宣扬社会底层的神灵都属于密教的佛菩萨化身，故而掌握了广大的庶民阶层。因此，武士对庶民的统治越是加强，作为一种反弹现象，人们越是要通过神佛向寺院、神社靠拢。

这种倾向在当时的农村社会十分突出自不待言，在从事商业和手工业的町人[1]世界里，人们更是积极地面向寺院、神社寻求佛菩萨的护佑。町人的世界建立在生意、交易之上，因此对他们而言重要的不是像王朝国家和幕府那样根据阶层身份来划分社会团体，建立等级制度，而是要在交易场上所有的关系者之间构筑起一种对等、平等的关系，至于每个人本来的出身如何并不重要。日本固有的神灵，尤其为社会底层共同信仰的神灵本来就具有这种性格，所以自古以来人们进行交易时必然会招请这些神灵。不过与此相比，佛教更加强调人和万物在佛祖面前皆平等的观念。自平安时代以来寺院、神社制作的守则规章书中经常出现“万山一味同心[2]”“众生平等”的语句便是很好的明证。

因此，自南北朝以降工商业正式独立发展起来时，作为主力军的町人们通过号称佛菩萨化身的神灵们的媒介作用，对宣扬一味同心、万物平等的佛教逐渐产生了强烈的兴趣。这其实也是一种必然的趋势。当中世也逐步进入后期时，神佛结合思想已经同样为成长起来的农民和町人们信奉若渴了。

不管王朝国家如何凋零，寺院、神社却势力依然，他们掌握着一定的社会基层力量，在某种意义上甚至可以说其势力得到了重新强化。不过，像这样寺院、神社势力得以复苏了的话，那么原来一直通过神话或神祇的传说给予他们不少支持的王朝国家，也就能借他们的光多少恢复一些活力了。

---

① 中、近世时期居住在城市里的商人、手工业者等身份阶层，与武士、农民相区别。

② “一味同心”指同心协力之意。

从神佛结合思想到日本式的合理主义思想

到15世纪，上述动向迎来一个顶峰后开始下滑，日本的社会结构发生了本质性的巨大变化。为了全面排除咒术性的旧神佛，给古老的神祇脱掉咒术色彩，唯一神道（吉田神道）[①]、垂加神道的教义相继出现。

导致这种情况出现的主要因素有二。一是由于工商业的发展滋长了人们的合理精神，使得社会不再需要咒术性的神佛框架。二是由于认清上述状况后，成功统一了天下的织丰[②]及德川政权[③]把这种合理精神与武士世界里生成的理性精神结合起来，并且为了使前者从属于后者，从中国引进吸收了比禅宗更先进的、尊崇身份等级的朱子学。以国学为主的近世日本式合理主义思想至此具备了全面开花的条件。

16世纪以降的日本历史虽说也以神佛结合思想为母体，但从其前进步伐中可以看出，它始终想超越这个母体限制的。因此神佛结合的思想至此已经看到了终点，走完了它自身的历史生命旅程。

---

① 日本神道的一支派系，由室町时期的京都吉田神社的神官吉田兼俱倡导。教义中融合有佛教、儒教、道教思想，但崇拜日本固有的神灵，主张“惟神之道”。

② 织田信长、丰臣秀吉当权的时代，正式称为“安土桃山时代”（1573—1598）。

③ 指德川家康于1603年在江户开设幕府以降，至1867年德川庆喜奉还大政为止的约260年间实行的德川家统治。

结语　普遍宗教与基层信仰的关系

作为普遍宗教的佛教

在本书的序言里，我指出佛教属于普遍宗教，神祇信仰属于基层信仰。但是，这究竟是从什么意义上所指的普遍宗教和基层信仰呢？

先从佛教入手，看看它是在怎样的意义上被称为普通宗教的。我的理解大致如下。大约公元前五六世纪，佛陀在婆罗门教的成就基础上创立了原始佛教，把人和自然界的生物、非生物看成同等的存在，把个人的物欲、爱欲等欲望之根视为罪过，宣扬通过苦修苦行来灭欲赎罪，进入真正能够安身立命的大彻大悟境地。即从佛教基本上脱离了咒术性，旨在解消人们个人内心苦恼的特征来看，它可以说是一种普遍宗教。佛教全面否定咒术性，摒除用奇迹治病或让人死而复生的内容，从这点上看，它的普遍性和抽象性更可以说是世上罕见的。

但是，由于思辨和修行过于抽象，它相反很难对许多民族的民众心理产生影响。为了克服佛陀创立的小乘佛教具有的这一局限性，自公元前二三世纪左右出现了另一种理论大乘佛教。大乘佛教认为人们即便不出家不修行，只要给出家修行的僧侣布施积善，自己也能得道开悟。不仅如此，大乘佛教中还融入了依靠咒术、奇迹来治病救人，带来生活繁荣的基层信仰因素。这种大乘理论跟随着统一印度大陆的王权出现而逐渐形成，最终由那伽卢什拿(Nagarjuna，即龙树菩萨。约150—250年)建立了完整的体系。

这样，作为普遍宗教的佛教在性质上发生了变化，它充分吸收了基层信仰之后，在其理论的至高点上提出了抽象的悟道思考。由此，佛教转变成能够与基督教和琐罗亚斯德教匹敌为伍的普遍宗教。前面已经讲到，阿弥陀净土信仰正是在基督教与琐罗亚斯德教的影响下成立起来的一支大乘流派。

然而，大乘佛教成为在多种民族通用的普遍宗教之后，却招来了一个有违初衷的结果：理论发展得比佛陀时代更加抽象，增添了很多一般民众所不能理解的言论。在这种情况下，为了实现大乘佛教的根本目标，在公元前后左右的印度诞生了密教。密教通过举行充满神圣气氛的咒术仪式，宣扬即身成佛的道理。但是密教也存在着被咒术性扯了后腿，对普遍性的悟道原理等闲视之的危险性。所以，后世的密教界都非常注重全面吸收大乘佛教的普遍性、抽象性，尽量把它们与人们偏向咒术的心理结构复合起来。

大约7世纪出生在印度的善无畏(637—735)建立了一种消极被动式的教义体系，他认为宇宙中所有的生物、非生物都具有最高佛祖大日如来的佛性，并且只要通过冥想就能体会到。表达这一教义的主要经典叫《大日经》，其世界观名叫“胎藏界”。同一时期的金刚智(671—741)建立的是一种积极能动式的教义体系，他认为要体会大日如来的精神，通过学习和修炼来掌握法术比冥想重要。其主要经典叫《金刚顶经》，其世界观名叫“金刚界”。这二人为了让自己的教义能在当时的世界中心唐朝发扬开来，先后来到中国。在当时的中国，重视神圣仪式的杂密密教已经存在。

自8世纪初，上述两种密教体系在中国开始被正式接受下来并得到发展。到8世纪末，不空和尚(705—774)从实践角度调和了善无畏、金刚智两人的教义，而其弟子惠果和尚(746—805)则从理论角度把两种体系统一起来，制作出"两界曼陀罗"图像来表现"两界"的含义，把《大日经》和《金刚经》的内容也完整结合在一起了。然后，正如前面已述，是空海入唐摄取了惠果的全部密教成果后带到日本的。

沿着这样的道路发展过来的佛教当中，有大乘佛教和密教传到日本并生根发芽了。而这些传到日本的佛教是一种普遍宗教，从一开始就具备了接受咒术、吸纳基层信仰的宽容性格。

作为基层信仰的神祇信仰

在佛教传入之前，日本社会中只存在着具有较强地域性的神祇信仰，那是一种带有咒术色彩的集体共同信仰。《魏志倭人传》提到侍奉鬼道的卑弥呼，她正是通过自身体现了这种共同信仰的魔术师。佛教传来以后，在社会的底层依然牢固生息着作为基层信仰的神祇信仰。前面已有论述，在奈良时期地方乡村的祭神活动中，祭祀的对象都属于各种各样的自然精灵，祭祀的内容也主要是祈求神灵保佑，保佑参与祭神的共同体全体成员长寿兴旺。

把这些社会共同体自上而下地层层统一起来而形成的是大和王权和律令制国家，当时它们的神祇信仰也受社会底层祭神活动的影响，具有非常强烈的咒术性和集体共同性。比如祈求一年庄稼丰收的祈年祭，祈求季节运行顺利的月次祭，感谢神灵庆祝收获的新尝祭，以及扫除为神灵所厌恶的凶秽、罪障、灾祸的大祓等等，无论哪个仪式都跟社会底层举行的祭祀活动有着相同的本质，不同的是把它们改变、上升到了国家规模而已。

因此，在这些祭神活动中生成的王权神话传说也一样。比如神话中讲到伊耶那岐、伊耶那美二神婚合之后生下国土、山川、动植物以及司掌它们的诸神，天照大御神跟须佐之男神交换彼此手中之物，吹以气息，生下众多神灵，还有苇原中国的主人“大国主神”当着威力巨大的“经津主神”与“建御雷之男神”二神之面把国土、和平让予天孙等等，这些构想无一不是带有未开化色彩的咒术性思维方式。

不过，从大和王权后期到律令制国家建设时期，随着佛教进入王权和一般社会，日本的这种古老信仰也发生了巨大的变化，它试图建立起一种带有普遍性的文明思想体系来与佛教匹敌、抗衡。

当然，在大和王权的祭祀以及神话中也一定程度存在着类似的征兆。比如关于新尝祭，其形成至少可以追溯到6世纪，而且很显然是以社会底层的未开化的民间祭祀为原型的，但是在该祭祀中，人们认为掌握王权的大王能够吸收天界之主太阳神的力量，这种想法无疑具有普遍性指向。此外还有大祓仪式，通过它要清除掉全日本的罪障、凶秽和灾祸的观念也比较接近普遍思维。

但是神祇信仰的正式转变是在引进儒家思想和佛教以后，尤其是在欲和佛教一决高下的情况下发生的。《古事记》和《日本书纪》的基本主题都是宣扬生产了国土、万物、诸神的男女祖先神扶持着王权，这属于佛教传入以前的王权神话的逻辑思维。不过我们看到，《古事记》中神代神话的核心部分主要讲述了伊耶那岐神从黄泉之国逃离并清除污秽的故事，还有在高天原散布污秽，遭到永久放逐的须佐之男神的故事等等；这里面其实已经包含了把凶秽与佛教宣扬的罪过等同起来作为负面事物加以全面排除的逻辑，显示出建立在神祇信仰基础上的王权神话为了达到和佛教相同的高度不惜余力实现普遍化、文明化的结果。从这层意义上，我们不妨说神祇信仰和神话是蓄意要实现一种可与佛教相比拟的普遍性特征的，特别在王权神话的层面上。这一特征到王朝国家确立的10世纪末已经相当完整了，具体反映在对王权、贵族的日常生活都严加限制的凶秽忌避观念上面。

然而，不管在王权层面上这种普遍化观念如何深入发展，日本固有的咒术性神祇信仰在慢慢改变自己的同时却始终一贯地存在着。在王朝国家时期自不必说，到中世为止都从未消失过。

日本的神祇信仰大致来说就是这样，因此它基本上属于一种基层信仰。它所实现的普遍化，充其量只是停留在古代王权神话的改造和凶秽忌避观念的产生上面，至少在中世以前针对其普遍性本身并没取得更大的创造性成果。这一点，对于本书已经阐明的日本的神佛结合思想而言，是从根本上决定其存在状况的历史前提。

基督教与日耳曼·凯尔特信仰

如上所述，普遍宗教与基层信仰在日本以神佛结合的方式共存着，那么这种存在形态究竟具有什么样的特质呢？为了弄清这个问题，我以为有必要从世界史角度作一个比较讨论。下面打算只在与本书主题相关的范围内，就基督教与日耳曼·凯尔特信仰陈述一下我自己的看法。

基督教与佛教根本不同的地方是，它从最初就承认咒术和奇迹，并且认为只有人，才能获得拯救。《新约圣经》的马太、马可、路加、约翰四部福音书尽管宣扬的色彩有浓淡之别，但都一样把耶稣描写成一个能把一片面包分给五千饥人吃，能治病救人、起死回生的咒术师；并告诉人们正是通过这些神奇的法力，耶稣才让那些在罗马暴政下痛苦生活的犹太人理解了自己的教义。从这点上看，佛教为了获得多数信徒而费尽苦心才掌握的方法，基督教却是从一开始就拥有了的，因此可以说基督教本身的素质让它能够比佛教更快地为多数民族所接受。

另外，基督教只把人作为拯救的对象，这是后来人本主义的欧洲历史形成上的一个大前提。在那里，人对人犯下的罪需要追究，人对物犯下的罪却可以不问。如果我们再来回想一下传入日本的佛教始终提倡的是人、生物、非生物之间的平等性，那么基督教的这一教义从现代的角度重新审视，也是包含着重要问题的。

另一方面，在欧洲世界人们后来接受了基督教，但本来遍及各地的是日耳曼各族信奉的日耳曼信仰和凯尔特各族信奉的凯尔特信仰两种基层信仰。读过恺撒《高卢战记》（公元前 52—前 51 年）以及塔西佗《日耳曼尼亚志》（98 年）的人一定会惊讶于里面对凯尔特信仰和日耳曼信仰的本来面目有如此生动的描绘。因为无论在哪一种信仰里，人们都向神灵虔诚祈求奇迹和繁荣，并为此举行各种祭祀、供奉牺牲、操纵咒术或者进行占卜。

我们知道，要摸清日本的神佛结合思想的特质，不能光是分散地看两者的性质如何，而是应该把它们放到历史中，看两者是如何结合起来的。同样，作为普遍宗教的基督教和作为基层信仰的日耳曼·凯尔特信仰之间的关系，也需要通过追索历史的足迹才能看清。不过，在此只打算陈述一下结论。

基督教与日耳曼·凯尔特信仰之间也有一个问题跟日本的神佛结合思想是连通的。即普遍宗教通过社会底层的基层信仰因素的媒介作用来吸纳包容异文化圈中的基层信仰，就这种情况看，两者是相同的。但是跟佛教不同的是，基督教禁止信徒诵念异教以及基层信仰中的神灵名号，也从不涉及有关神话。凯尔特信仰的详情如今不易挖掘，但在日耳曼信仰里面，神灵都被基督教收容吸纳了。基督教认为主、基督、圣灵（一般认为三者对应着日耳曼的神灵）的理解立场不同，但却共有同一个实体，这就是后来由奥古斯丁[①]等人最终建立起完整体系的"三位一体论"。日耳曼人的神灵被全部转换成基督教的圣灵，吸收到基督教里面了。由于这是一个封闭型的信仰体系，所以日耳曼人的神灵们无法以原来的身份公然存活下来。

不过，像这样的包容越是紧密，压制越是严重，日耳曼信仰就越会在本质上对基督教产生抗拒，尽管它从表面的世界上消失了身姿，但在暗地里还顽强地存在着。比如自 9 世纪到 11 世纪之间收集起来的日耳曼神话《爱达》(*Edda*)里面看不到一丝基督教的影响，13 世纪编撰的《尼伯龙根之歌》里面除了在教堂举行婚礼之类的粉饰描写，通篇作品充满了为复仇而生的日耳曼人的基层信

---

① 公元 354 年生于北非的塔加斯特城。早年信仰摩尼教，在研究了各种宗教与哲学后归信基督教。著有《论自由意志》《忏悔录》《三位一体论》等，对基督教有重要建树，被教会封为圣者，称圣奥古斯丁(Sanctus Aurelius Augustinus)。

仰。在基督教的世界里，异教之神和神话都是被否定的，但这反而促使日耳曼·凯尔特人的基层信仰以及神话得以保持原状在暗地里传承下来，直到近现代。

日本的神佛结合思想之特质

关于欧洲的普遍宗教基督教与基层信仰日耳曼·凯尔特信仰的结合过程以及特质，我们可以这样来把握的话，那么日本的普遍宗教＝佛教和基层信仰＝神祇信仰之间的结合过程以及特质也就十分明朗了。下面想通过这一观点再来整理一下本书前面阐述的内容。

跟欧洲同样，在日本，6 世纪佛教作为一种外国的普遍宗教刚刚传来时也与古老的神祇信仰发生了激烈的冲突。但是，到了 7 世纪不管王权还是民间都开始把佛教当作咒术力更强大的外国神祇来接受时，佛教也不再否定日本固有的神祇信仰以及神灵，开始走上一条认同它们本来面貌的共存道路。

其结果，佛教没有建立起类似基督教“三位一体论”的理论，它尽可能地展示隐藏在咒术、奇迹背后的普遍宗教教理，根据日本社会的特殊情况先突破最早认识到私有罪恶的王权，然后再指向从 8 世纪后半期觉悟到私有之罪的地方豪族，迅速有序地获得了这些阶层的理解。如果我们联想到促使高卢的克罗维斯王接受基督教信仰的也无非是后者创造的巨大奇迹，那么佛教在日本社会的渗透之快就很令人惊异了。

然而由于当时日本的地方社会底层还处在极度未开化的共同体状态中，农民、庶民们对私有及其罪恶的认识尚未觉醒；即使在该阶层的上层社会，人们也还需要走过从平安末期到镰仓时期，即从 12 世纪到 13 世纪的一段漫长历史才到达这一认识。而且此后还必须把瓦解了的共同体重新构筑成更加高层次的集合，使之能够巩固、协助个体家庭经营和私有制度，以便围绕着稻作农业这一主要的社会活动，在高纬度的列岛上创造出较高的生产力。

我以为正是这一点使得王权和地方豪族在佛教普及渗透之后依然能保持先人们共同信仰的神祇，并通过密教的媒介作用，摸索出一条让佛教与神祇信仰既各自独立又相互结合的共存道路。在这过程中，最初出现了创建神宫寺的风潮和冤魂信仰的流行，反映出神与佛在一个开放型体系内的结合；后来又产生了凶秽忌避观念和净土信仰，并出现两者从内部结合起来的倾向；最后形成了宣扬日本诸神皆为佛教中的佛菩萨化身的本地垂迹理论，并制作出中世日本纪。

从日本的神佛结合思想发展的历史中，我们可以看到一种与欧洲截然不同的普遍宗教与基层信仰的结合方式。在日本，从来没出现过佛教排挤、压制神祇信仰的情况，佛教在吸收神祇信仰时就无须禁止诵念神祇名号，也无须像三位一体论那样将神祇都转换成佛教的基本神佛概念。因此，日本的佛教与神祇信仰不是欧洲那种由基督教全面吸收的封闭型体系，而是由佛教与神祇信仰通过竞争共存的关系形成的开放型的结合体系。

放眼各种复合宗教的世界

放眼印度、中国、朝鲜等共同拥有佛教的诸文化圈，日本的神佛结合思想恐怕也是有其独特个性的。

在印度，印度教是囊括基层信仰和普遍宗教的集大成者，在佛教与印度教的关系史上始终是佛教向印度教靠拢妥协，最终连自身都被印度教吞没吸收了。在中国，被奉为“国教”的儒教是一种世俗宗教[①]，而其对立面上有深得人心的道教存在，此时佛教需要解决的问题是如何分别与儒教及道教建立起良好关系。三教一致论显示了三者关系发展的最终目标，但是该理论把佛教与儒、道二教在同一个意义层次上调和起来，从这一点来看，我以为以脱离世俗为核心的佛教至少没能渗透到社会中去。在朝鲜，儒教作为国教比在中国受到更大的重视，可是三国鼎立的局势，来自中国的国际压力等加快了共同体中个体意识的觉醒，促进了佛教的吸收及其与基层信仰的结合。但同时也可以说，佛教与基层信仰的结合并没有在开放型体系中完成，而是选择了把基层信仰编入佛教体系的道路。

这样看来，日本的神佛结合思想由于是普遍宗教和基层信仰在一个完全开放的框架中达成的结合，从世界范围来看，也可以说是具有独特风格的宗教结构。不过有一点不能忘记，那就是一般而言，世界各地形态各异的普遍宗教和基层信仰的复合体都是根据当地的地域及民族实情呈现自己的独特面貌的，日本的神佛结合思想之所以具有独自的形态也不外乎这一规则。欧洲的基督教堂很多建立在日耳曼·凯尔特信仰的圣地。印度教中佛陀被赋予了相当高的地位。在中国的道观中观音菩萨、弥勒菩萨往往与道

---

① 在中国国内对儒教是否宗教的问题尚有争议，在日本一般把包括儒家文化、儒家思想的意识形态习惯通称为“儒教”。尤其像本文那样与佛教、道教等相提并论时，更有把儒家思想作宗教视的倾向。

教的神仙们共处一室,辅助后者为信徒们带来现世的福佑。在朝鲜的佛教寺院内也能看到供奉着檀君等朝鲜固有神灵以及道教诸神的堂宇。当我们仔细揣摸这些现实时,就会发现世界各地交响纷呈的宗教和文化背后其实都铺展着一个相互连通的精神世界。

附章 异文化体验中的发现
——从日本研究的角度

我的两次异文化体验

我曾在 1980 年以交换教授的身份在德国(当时的西德)鲁尔地区的波鸿大学东洋学部日本学科待过一年,此间以德国为主到欧洲各地走访过。2001 年赴英国参加学术会议时,顺便到德国游览了从前未曾去过的地方,2003 年又有机会游历欧洲数国,主要参观了一些反映基督教与日耳曼·凯尔特信仰关系的古迹。此外,我还两次到过中国,1996 年到重庆、长江三峡、北京旅游,2002 年又跟随一个旅游团参观了山西省的五台山、恒山悬空寺、云冈石窟等等。

欧洲和中国是两个截然不同的文化圈,我在其中的亲身体验对于我所从事的日本研究产生了无以言表的巨大作用。下面就想通过具体事例来谈一谈这种作用产生的经过和意义。

预先认识和实际体验之间的差距

首先,无论对于欧洲还是中国,我预先是有一定认识的。但及至亲眼目睹、亲身体验之后,这些所谓的预先认识全都被打破了。

比如事先我从书本、画册中得到的有关城市、农村、自然、人们的印象后来发现与实物是根本不同的。德国的慕尼黑、汉堡、中国的北京、上海等都市的风光虽然没有照片上那么美丽，却能让人感到一种照片无法传达的生活气息和历史底蕴。再比如欧洲的农村要比我们在绘画上看到的风景脏乱得多，但它们却充满着生机，跟都市一样散发着浓郁的生活气息。而近年来中国农村的肃杀景象以及人们在其中的艰辛生活，除非你亲临身到，否则是很难想象得到的。

而欧洲人特别是德国人的朋友关系也让我大为吃惊。记得那时正逢柏林自由大学招聘日本学教员，在波鸿大学从事日本学研究的一名青年学者随即跑到另一名跟我关系要好的青年学者那里说："你是我的好朋友，所以这次请不要应聘，把机会让给我"。被要求一方当然不会答应，结果两人发生了激烈争执。同样的情况如果发生在日本，即便是亲朋好友之间，虽说在一般情况下，一方也不会把机会拱手让给对方，但谁也不会去要求对方让步。正常的做法是大家都避开这个话题，而各自提交材料去应聘。可见欧洲人的人际关系，哪怕是过从亲密的朋友之间，一旦关涉自己的生活、人生的根本问题，立即就显示出自我中心的个人主义本色来了。

在中国我倒未尝亲见这一类情况。不过，我熟识的一些研究中国的日本学者以及研究日本的中国学者都曾经告诉我，在那里"人脉关系"实际上决定着一切人事安排，想要获得大学的教职，对那些在内部调配职位的人物做一点适当的活动，赢得信任是关键。几十年前的日本也有类似的习惯，但如今只在极少数范围内还有残余风气，而且也正成为批判的对象。看来在中国，依然倾向于抑制个人主义、自我主义，由“人脉主义”决定着人事配置和人际关系。

在德国和中国的这些经历，让我切身体会到一般人在日本国内所抱有的外国认识在很大程度上是走了样的。并且我还由此认识到，要了解一个外国及其文化，亲自到那片国土上体验生活有多么重要了。我正是有了这些在日本难以得到的经历和体验，才逐渐对异文化的比较研究产生兴趣的。

对异文化的情感性排斥及其克服

然而，1980 年我第一次到德国并在那儿待了两个月后，突然对德国的人、饮食、音乐、社会、自然环境等等所有的东西产生了一种无法言喻的嫌恶。德国人的热情昨天还让人感激，此时只觉得是多管闲事。一看到香肠、马铃薯、醋腌白菜之类的德国菜就反胃。德国北部地势平和的风光单调得叫人受不了。总之，初来乍到时感到新鲜且吸引人的一切都变得让人无法忍受的讨厌。现在冷静地想一想，这恐怕就是我当异文化侵入自己的身心时本能地采取的一种抗拒，并且是当一名旅行者转变为常住者时谁都要经受的一种考验罢了。

但我当时没有通过冷静思考来说服自己的余地。而是在苦恼中逐渐明白了一个道理，那就是从国外学成归国的学者中为什么有很多是国粹主义者，其理由原来正根植于这样的体验中；相反，如果不曾遭遇这一精神危机而全盘接受了身处的环境，那么又有可能变成一个盲目的崇欧主义者。记得离开日本时的送行会上有朋友和同事对我说“不知道你回国时会变成国粹主义者还是崇欧主义者,我们拭目以待呢”,我当时回答说都不会。所以如何去克服这个精神危机便成了我的重要课题。

不过,这个危机后来却在一个意外的场合自然消解了。在我挂名的日本学科,有一天,一个正在撰写日本音乐史博士论文的中年学生在现场讲解日本古典乐器的演奏法,从笙、筚篥到鼓、三弦等等,手脚并用比划着姿势,边表演边解说。不一会儿周围出现了一圈人墙,讲解人为观众们的反应所鼓励,兴致高涨地结束了讲解。这时我马上用结结巴巴的德语对他说“可以提问吗”,他忙说“请提”。我说“你为什么要做学者呢?如果做一名演员,你的人生肯定会更丰富”。话刚落音周围发出哄堂大笑。只见对方愣了一瞬间,随即他马上站起来跟我握手说“你是个有意思的家伙,做个朋友吧”。

我平时也懂得有节制的玩笑、幽默甚至嘲讽能帮助我们建立起良好的人际关系,却没想到它竟然有如此强大的力量把我从精神危机中解救出来。从那以后我的“厌德”情绪烟消云散。而且之后一旦我在国外遇到什么麻烦事,我总是用那个国家的语言,哪怕只会片言只语来打趣对方以摆脱困境。

异文化比较——从宗教复合的视角

像这样,在德国或者说在欧洲找到自己的立足点后,我便决定花一年时间从文化比较的视角对古代、中世的德国以及欧洲作一次探访。之所以限定了历史时段,是因为我自己的专业是日本的古代史、中世史;而选取比较的视角则是由于如前面所述,欧洲也好中国也好其本来面目要在人们亲自到过当地切身体验过那儿的生活之后才能看得真切，所以我想如果由此再来反观日本，就会发现我们原先没有意识到的一些文化、社会的断面会浮现出来，就有可能从新的角度来解明这些问题了。

从那以后我参观了很多都市、城郭、教堂等历史性建筑物，热中于从日欧比较的观点来重新探讨各种各样的问题。本文中要提起的有关宗教复合的比较历史研究正是我带着比较的眼光在寻访欧洲各地教会、教堂过程中产生的课题。后来到了中国，便把中国也加入到比较对象里了。

从比较史学的角度探究宗教问题时，我为什么会抓住宗教复合的问题不放呢？其实在赴欧洲前我在研究日本古代史、中世史时，痛感包含宗教在内的文化问题必须同当时的政治、经济、社会等结构有机地结合起来加以探讨，而想要通过这样的方式研究宗教就必须有一个根本立足点，那就是把宗教作为一个由原理、教义等普遍抽象的思维领域（普遍宗教）和许愿祈祷、占卜算卦、奇迹信仰等带有地域性、民间性的观念领域（基层信仰）相结合的复合体来理解。我以为只有在这种观点的基础上进行研究，宗教才能活生生地向我们展现出它在某一个时代的存在形态，以及和政治、经济、社会等时代诸要素之间的关系。

欧洲的基层信仰和基督教

我上述的见解在参观欧洲各地教堂过程中得到了进一步加强。比如，罗马梵蒂冈的圣彼得大教堂的祭坛上摆放的是彼得在罗马监狱中坐过的椅子，到这儿来朝拜的人们主要是为了摸一摸彼得的坐像，好让自己得到福气。再比如在亚琛的大教堂，装有查理大帝遗骨的棺椁沐浴着灯光被摆放在最重要的位置，而查理大帝正是为在日耳曼世界普及基督教倾注了满腔心血的人。继他之后的神圣罗马帝国皇帝们始终没有停止攻打不肯改信基督教的日耳曼东方各部族，而每征服一地，必在那里建造一座中央教堂，并从亚琛拿走查理大帝的一部分遗骨供奉在其中。以奥斯纳布吕克中央教堂为首，我每到这样的教堂，都会看到查理大帝的遗骨放在最醒目的位置上，当时我所感受到的惊异至今难忘。

在那之前提到基督教，我只知道《圣经》等神学中宣扬的主（神）与基督与圣灵在一神教中的独特关系，以觉悟原罪、积极赎罪为前提的来世拯救原理，以及宣传这些教义的司教区、修道院等教会组织，而一旦了解到它的底层原来还生息着强大的依赖祈愿、相信奇迹的基层信仰时，我不但坚定了自己原有的想法，而且还试图通过剖析基督教和基层信仰在欧洲的结构关系，从而进一步来揭示日本的宗教复合的真实面貌。

从这一见地再来审视基督教，就会发现其实在《新约圣经》的四部福音书中耶稣不仅被描写成主（神）的普遍真理的传播者，而且还被赋予了某种咒术师的性格，比如能够起死回生，能提供四千人食用的面包、鱼肉等等①。因此可以肯定基督教自身在形成时就具有杂糅了普遍宗教与基层信仰的复合特征。但是在基督教广泛传播到欧洲各地区时，罗马、日耳曼、凯尔特、斯拉夫等地区已经存在着独自牢固的基层信仰，所以像上文提到的欧洲基督教中有关基层信仰的侧面，如果仅用基督教本身的基层信仰因素去理解，我以为很难诠释清楚。然而另一方面，我在考察德国、法国、意大利等广大地区的教会、遗迹过程中，确实也未能从具体的物证了解到作为异教的地方基层信仰与基督教之间有着什么样的关系。

破坏了的源泉和神殿——日耳曼信仰

然而，1980 年 11 月我前往瑞典的乌普萨拉时偶然得知该城市郊外还保存着瑞典最古老的基督教堂伽姆拉·乌普萨拉(Gamla Uppsala、古代乌普萨拉)和古日耳曼部族的遗迹，便迫不及待地赶到了那里。伽姆拉·乌普萨拉的景象是难以想象的。在分布着三百多座古坟的地面上有三座特别巨大的古坟一列排开，其东侧是一个小高地，人称部族集会的山丘。这两者的北侧耸立着一座教堂，究其来历据传是瑞典最古老的教堂(照片 1)。从该教堂的简介说明书[②]以及我后来看到的亚当·冯·布莱曼编著的《汉堡大司教座圣教堂事迹》[③]等记述中，我们可以了解到以下情况。

照片 1　伽姆拉·乌普萨拉的中心部分

左侧是一座巨大的古坟。右侧是部族集会用的高地。上面建有的教堂源自瑞典最古老的基督教堂。

三座巨大的古坟是荣格林族出身的部族大王之墓。荣格林族是古代日耳曼·斯维亚部族的主要氏族，5—6 世纪是其鼎盛时期。古代日耳曼·斯维亚部族当时盘踞在以伽姆拉·乌普萨拉为中心的整个乌普兰地区，而部族集会的山丘以及周边一带是斯维亚的所有部族自古以来一年一度聚会的地方，聚会时在部族大王亲临之下由法官裁断当年发生的纠纷事件。

在古坟与山丘的西北偏北侧本来还有一口很大的源泉，在那里部族大王曾经亲自担任祭司九年一度举行大祭。他召集斯维亚的全部氏族，把代表森林、树木、泉水、风雨、雷电、丰收等的自然神以及这些自然现象被神格化后形成的日耳曼部族神灵们招请到源泉旁边的栎树（世界树）上，并把活人、马、狗等七十二体供品沉入源泉献给神灵们（这一史实已由19—20世纪的考古学发掘成果证明）。

9世纪以降，基督教传教师开始加大力度传教，日耳曼人的信仰遭到了激烈攻击，当时他们还在源泉边上建起神殿以示对抗，但是到11世纪初随着部族大王本人改信基督教，斯维亚部族中出现了分裂，结果到12世纪初整个斯维亚部族迫不得已全都改信了基督教，那时日耳曼人的神殿和源泉遭到毁坏废弃，在其遗址上建起了瑞典最早的基督教教堂（该史实也已为考古学发掘所证明）。

压制的原理

基督教在压制日耳曼信仰时，一方面充分显示出一神教的排他性格，采取弹压措施破坏日耳曼人的神殿和源泉；另一方面对部族集会的山丘和数目庞大的古坟却没有加以破坏，这说明基督教在跟自己的教义不相抵触的前提下实行了一定程度的妥协，认同日耳曼人的信仰以及建立在这一基础上的生活习惯。

2003年我在访问瑞典最南端的斯考奈地区的伦德时，在12

世纪初建造的大司教座圣教堂的地下墓室看到了教堂建造之前就存在的泉水。在同一地下墓室内还有一对古老的石柱，上面雕刻着日耳曼的神话人物巨人费恩和他的妻儿被缚的景象。后来得知，我在地下室亲眼所见的这对石柱原先是立在一层大教堂正厅入口处的④。

在此也能解读出基督教征服日耳曼信仰的原理方法，而且它与伽姆拉·乌普萨拉的情形同根。因为从巨人费恩及其妻儿的雕像中，我们可以看出基督教方面的高压姿态，他们威吓人们说如果崇拜日耳曼信仰和神话会落到跟费恩他们同样的下场。同时，日耳曼人的神圣之泉没遭到破坏反倒被圈入教堂内部，由此则可以看出基督教的妥协战略——只要日耳曼人的精神世界跟基督教的原则不相矛盾便予以承认。

照片 2　伦德大教堂地下墓室内的巨人费恩·妻儿像

左边抱着石柱的是费恩，右边绑在柱子上的是其妻儿

两天后我在丹麦尤兰半岛中部的耶林格又经历了类似的体验。耶林格是丹麦最古老的王朝发源之地。根据人们对当地遗留的两块墓碑的调查以及对古坟和王朝最古老的基督教会的发掘修

缮结果，可以了解到10世纪前半期以耶林格为据点建立起日耳曼系海盗王朝的戈鲁姆王为早逝的妃子特蕾按照日耳曼人的习惯建造起古坟，并树起刻有日耳曼部族固有的鲁恩文字的小墓碑。后来继承了王位的戈鲁姆之子哈拉尔德把父亲戈鲁姆也葬在同一座古坟中。但是由于哈拉尔德王改信了基督教，他在古坟近旁建造起王朝最古老的教堂，并在入口处树起一块刻有鲁恩文字的大墓碑，上面除了颂扬父母的功德，还记述了统一丹麦全国以及丹麦人改信基督教的经过。

1970年代，人们对教堂进行修理发掘时从教堂的地下发现了戈鲁姆王完整的遗骨，由此可知是哈拉尔德王在建造教堂时把父王戈鲁姆的遗骸从古坟里取出重新葬入教堂地下的。另外，哈拉尔德王树立的墓碑上，右边是基督像，左边雕刻的是日耳曼神话中代表大地创始时期巨大能量的"原始之蛇"和代表国王的"狮子"，蛇缠绕在狮子身上[⑤]（图1）。

图1　耶林格王朝哈拉尔德王建碑文

左图与右图下部是鲁恩文字，碑文内容是"哈拉尔德王为纪念父王戈鲁姆和母后特蕾，建此墓碑，同时纪念征服了丹麦和挪威（部分），令丹麦人成为基督教徒"。右图右半部分是基督像，左半部是原始之蛇缠绕国王（狮子）的图案。

戈鲁姆的遗骸改葬到教堂地下的事实告诉我们基督教对耶林格王朝和丹麦人的日耳曼信仰施加了多大的压力。但是日耳曼风格的古坟以及刻有鲁恩文字的两块墓碑能够毫发无损地保留到现在,这又说明同伽姆拉·乌普萨拉的情况一样,事实上基督教认为只要日耳曼人的宗教感情与自己的教义并不矛盾,还是采取妥协态度的。而且从墓碑上并列表现着基督教世界和日耳曼神话的世界来看,这种妥协较之前面所举的两例显然更进了一步。我们如果想一想瑞典的日耳曼各族对基督教持有的强烈反抗,那么就不难推测这种宽容态度主要还是由于耶林格王朝在改信基督教过程中并没有受到丹麦人太大反抗的缘故。

凯尔特信仰和基督教

今天,能具体反映凯尔特信仰与基督教关系的遗迹保存最丰富的地区是不列颠群岛,其中尤其是爱尔兰和威尔士堪称其宝库。我在 2003 年的北欧之旅以后访问了这两个地区,在此想主要来看一看爱尔兰的情况。

凯尔特人自公元前 5 世纪左右分好几批从欧洲大陆渡海来到爱尔兰居住,到 4 世纪已经成长为一股时时向英格兰方面进犯的强大势力了。从恺撒的《高卢战记》中[6]也可以了解到,他们在公元前 1 世纪就主要盘踞在地中海、高卢、不列颠群岛的各地区,并已经接受了希腊、罗马的文明,把人们划分为贵族、圣职人员和庶民、奴隶的两大身份阶层。前一阶层的人们掌握着天文学和地理学的知识。因此凯尔特人和日耳曼人同样,他们也崇拜森林、泉水、太阳、丰收、雷电等自然或自然现象并使之神化,保持着重视牺牲供品、占卜、奇迹的基层信仰。不仅如此，他们的基层信仰还开始走上了普遍宗教化的道路[7]。

一般认为，爱尔兰地方的基督教是5世纪从高卢的雷兰修道院前来布道的圣帕特里克传来的。一开始帕特里克也遇到来自凯尔特信仰（德鲁伊教）方面的较大反抗，当时的凯尔特信仰在一定程度上实现了普遍宗教化，但他们的反抗没有日耳曼信仰那样强大，因此帕特里克一边巧妙地规避与德鲁伊教的正面冲突，一边又花了三十多年时间利用奇迹等手段吸引民众信仰基督教，精心培养德鲁伊出身的修道士。结果，早在5世纪之内就在阿尔玛建造起了中央司教圣教堂。到了6世纪，继承帕特里克遗志的爱尔兰籍修道士大批出现，他们走遍了爱尔兰各地，在保存德鲁伊信仰的同时，以部族为单位各个击破，把基督教传遍了整个爱尔兰地区[8]。

由于上面这样一段经历，爱尔兰有很多在6世纪创建的修道院基础上形成的教堂群落遗址。格兰达罗遗址正是这样一个典型例子。它的位置在都伯林南边40—50公里的群山中。相传继承了帕特里克流派的圣凯文首先在这一带山谷的湖畔高地上盖起小屋（原修道院），白天在里边钻研圣经，刻苦修行，晚上在附近的石窟中睡觉。后来他沿着溪流走出山谷，在山脚下建起了正式规格的基督教会，收了很多弟子。凯文死后，他的弟子们在周围陆陆续续建起许多教堂，形成一个围绕大圣堂的教堂群落，成功建立起以格兰达罗大圣堂为司教座圣教堂的大司教区。该司教区在13世纪受到诺尔曼人的进攻，后来又与都伯林的圣克拉依斯特中央司教圣教堂合并，之后其遗迹化为一片废墟了[9]。

此外，在都伯林的西边爱尔兰本岛的中央，夏依河沿岸的小高地上分布着叫做克朗麦克诺伊斯的基督教教堂群落遗址。开山鼻祖圣基亚朗与凯文同样，也是继承帕特里克派别的修道士，他在6世纪40年代打下了修道院的基础。到550年他死后，修道院建设一度中止，等到6世纪末期圣哥伦比亚来访之后重新展开建设，7世纪中建起了很多教堂，同时与邻近修道院之间的地域纷争也激化起来。但是围绕着大圣堂的克朗麦克诺伊斯修道院群落的建设在整个8—10世纪始终没有停止，1111年该大圣堂成为管辖整个弥斯西部教区的中央司教圣教堂。然而在12世纪末到13世纪初，由于受到盎格鲁、诺尔曼人的侵袭，并在诺尔曼人S.罗伯特就任邻接地区克罗纳德的司教之后，大圣堂开始不断衰退，终于沦落为一个教区教堂而已[10]。

被吞并的凯尔特信仰

上面两个例子有个共同点，那就是根本看不到基督教和凯尔特信仰之间经常性的斗争痕迹。在格兰达罗和克朗麦克诺伊斯两地神圣之泉至今依然存在，并没有被圈入教堂内部去。除了这二例，我在爱尔兰和威尔士所见的其他遗址中也都不曾看到泉水被破坏的痕迹。这样看来，在基督教传来的起初，修道士们并没有动手破坏或改造泉水，而是认可了它本来的存在模样。这一事实有力地证明这些修道士同帕特里克一样尽量避开了跟凯尔特信仰的对抗，而把这种信仰以它本来的姿态柔和地包含吸收到基督教的体系中了。

凯尔特信仰（德鲁伊教）面对基督教的渗透并没有像日耳曼人

那样强烈反抗，而是比较迅速地加以接受了。之所以会出现这样的情况，除了跟圣帕特里克们的不懈努力有关，还正因为凯尔特信仰的普遍化倾向与作为普遍宗教的基督教有着十分相似之处，当它被完全吸收进基督教体系时没有作彻底的反抗，此外还因为凯尔特信仰中的基层信仰因素并不像日耳曼信仰那样具有强烈的反基督教性格。这一点从爱尔兰的修道士同时也为人们教授凯尔特神话和风俗习惯的事实上也能得到明显的反映。

如果考虑到在地中海文明圈成长起来的凯尔特人与基督教有着共同的文化基础，那么他们的信仰被基督教整个吸收包含起来应该看作是历史的必然结果，也是他们的社会中贵族、僧侣与一般民众之间的文化差距远远大于日耳曼部族的事实带来的最终归宿。

这一事实同时提醒我们，德雷伊阶层的人们接受了基督教后还要花相当长一段时间才同一般民众的基层信仰结合起来的。我在威尔士的首都卡第夫参观国立博物馆的凯尔特厅时，看到了凯尔特人墓碑(凯尔特式十字架)的历史演变过程展示。发现初期(6—8世纪)的墓碑样式十分简单，只是在一块条形石板的上方装饰了十字架和圆(太阳)的组合，可是到9—10世纪以后，墓碑上雕刻了凯尔特民族的传统花纹，形状也变大了(照片3)。这些凯尔特式花纹从地中海时代开始就为凯尔特部族的一般民众常用于衣服、家具、日用品的装饰上了。

这样看来，不妨说，这一段墓碑的历史演变十分清晰地展示了几个世纪中德鲁伊阶层的基督教徒，一边与凯尔特信仰磨合，一边把基督教灌输给庶民或奴隶的过程。在日耳曼部族，大王、族长与庶民、奴隶之间的文化差距不像凯尔特人那样大，因此一旦决定要改信基督教，在相对较短的时间内基督教也能为一般民众所接受。与此相对照，基督教在凯尔特人的社会上层尽管很快被接受下来，但要在社会底层站稳脚跟还要假以时日，这也是可想而知的了。

照片 3　凯尔特式十字架(墓碑)的变迁

左边属于 7—8 世纪，中间属于 10 世纪，右边属于 11—13 世纪的文物。左右两件为威尔士·卡第夫国立博物馆藏品，中间为克朗麦克诺伊斯博物馆藏品。

形成欧洲宗教复合现象的历史背景

正是这样，在欧洲内部，日耳曼信仰与凯尔特信仰各自同基督教的复合情况也有很大的不同。这背后当然有一个条件，即凯尔特人与日耳曼人相比，自古以来摄取了地中海文明，其社会上层比较容易接受作为普遍宗教的基督教。具体情况在上文已有论述。但是我们也不能忘记，日耳曼信仰也好凯尔特信仰也好，人们既然改信了基督教，其固有的基层信仰中的诸神灵的名号便不复被公认。那么，欧洲各民族为什么都会听任基督教这种强韧的一神教覆盖在各自的基层信仰上呢？这后面有着怎样的历史背景呢？

本来在地处高纬度的欧洲，史前时代姑且不论，自古以来各地区间的气候、自然条件的差别非常之大，尤其在阿尔卑斯山以北要保障衣食住等基本生活的自给自足都十分困难。不仅如此，比如某一年北欧的某一地区庄稼颗粒无收，要从其他地区大量购买粮食，但第二年出现相反的情况也毫不奇怪。因此，各民族各地区很难做到所有生活必需品的长期自给自足。自古以来从地中海沿岸各地、黑海沿岸的敖德萨等地越过阿尔卑斯山岭到欧洲的粮食运输从未中断过，这也很好地反映了上述情况。像这样产生的经常交易的必要性自然为欧洲世界的一体化提供了一个很重要的基础。

除了受自然、地理条件制约的经济问题之外，这里还有政治、文明史方面的问题。在欧洲大陆内部，从日耳曼民族的大迁徙开始，海盗的袭击、匈牙利人的入侵、穆斯林部族的进犯以及蒙古帝国的侵略等等，从古代到中世和内外异族的冲突纷争几乎成了欧洲人的家常便饭，这给圣俗各种建筑物、统治体系以及民众的日常生活带来了沉重的打击。而爱尔兰等不列颠群岛的情况虽不似大陆上严重，但也遭到日耳曼人的移民以及盎格鲁-萨克逊人和诺尔曼人的数次入侵，结果如上面所述，不光重要的教堂被破坏，甚至还导致了王朝的更迭。因此这些岛屿在本质上有着与欧洲大陆相同的性格[11]。正是这样，欧洲世界由于自古以来一贯受到异族的侵略，在与后者对抗的过程中克服不同的民族性和价值观，摸索出一种与异族和谐共存的方法便成了其重要课题。这也可以说是欧洲的宿命。因为若非如此，即便作为征服者，也不可能对属下的异族实行安定的统治。

这样，如果说有一个必然会把欧洲联结成一体的二重动因贯穿着整个欧洲史，那么持有各自独特基层信仰的各地区想要能在这个文明圈内继续生存下去，就只能接受被基督教包含吸收的命运，毕竟这一强韧的一神教能保证他们的一体感。因此不妨说，正是有了这种历史条件，作为一神教的基督教才能一路采取高压姿态——尽管时强时弱——把自己强加给欧洲各部族的。

五台山——中国的宗教复合缩影

要阐明中国的基层信仰和普遍宗教之间的关系，我以为非常困难。因为在中国，作为普遍宗教的佛教传入之前其内部就已经存在了具有类似性格的儒教和道教，不仅如此，能反映它们之间关系的遗迹以及学术研究又十分稀缺。在这种情况下我于 2002 年 8—9 月踏访了山西五台山，发现那竟是一个能让我们在一定程度上看到各信仰关系形成过程的罕见之地。

五台山的佛教传入一般认为可上溯到 4 世纪，不过，在北魏王朝的庇护下依据《华严经》的说法，该山被比作文殊菩萨的清凉山，正式发展成为佛教圣地则到了 5—6 世纪以后。五峰（台）耸立的雄伟大山（由此后世名之为五台山）上，据称最兴盛的时代有近百座寺院林立[12]。

山上有一座古刹叫“清凉寺”，那里至今还保存着一块唐代文人李邕（678—748）书写的碑文。上面说，当初文殊菩萨前来清凉山布道，遇到历来被奉为该山山神的龙王出来刁难妨碍。而文殊不气不恼为龙王娓娓讲说佛祖之教，终于令龙王感激不已归依了佛教[13]。

这当然只是个创作的传说，不过从碑文形成于 7—8 世纪的历史来看，我们可以确信5世纪以后的佛教传教者和当地的人们对于清凉山的起源有着上述这样一个共同认识。事实上今天五台山北顶（五台中的最高峰）的寺院布局能证明这一点。北顶上有供奉文殊菩萨的无垢文殊殿，其前方是龙王殿（前殿），里面供奉着人像造型的龙王像，塑像前的围幕上写着“广济护法龙王菩萨”，而紧靠围幕的牌位上又写着“北台文殊化身”字样（照片4）。而且在该前殿里面还能见到据传龙王从地下升空时的泉眼⑭。这样看来，自不待言这些就是贯穿上文介绍的传说故事的共同认识表现在视觉造型上的结果。而且我们发现，在这样一个开放的体系中形成的佛教与基层信仰的结合关系跟日本的神佛结合思想十分相似。关于后者本文的后面有若干论述。

但在这里更重要的是神佛之间的差异反映十分明显。比如在无垢文殊殿内，中央是无垢文殊像，左右两边排列着众多侍从，可是在同殿入口的左右还有两尊特别的神像。左侧是儒教世界的守护神关羽（照片5），右侧是一名道教里的守护神（照片6），各自形

照片4

照片5

照片6

象威严。不过,在佛殿的入口左右两侧安置儒教、道教神像的做法据说比较一般,反过来在道观里,也往往可以看到药师如来或观音菩萨以稍低级别的身份与道教的诸神共居一堂[15]。

这些神佛之间基本上看不出本尊与化身的关系。我们知道,在佛教正式传入中国之前,中国内部已经形成了儒教、道教两种独立的普遍宗教,那么当这些宗教信仰在吸收采纳他方神灵时,必然会把外来者作为较低级别的神来对待,而不会看作己方神灵的同等化身吧。

诸神共存的背景

上面的所论如果属于普遍宗教和基层信仰在中国的一般关系,那么不难看到它与欧洲的情形是大相径庭的。在中国,佛教里的佛菩萨会把土著的神灵当作自己的化身,这在基督教和日尔曼·凯尔特信仰的关系上恐怕是难以理解的。反过来,基督教吸纳了其他普遍宗教,比如摩尼教、伊斯兰教的神灵,并把他们按照本来的样子置放在教堂内,而这在中国则是不可能看到的景象。关于后者,我们只要想一想中国的佛教、儒教、道教具有的与基督教不同的多神教性格,就能充分理解了。而关于前者,如果能注意到佛教在中国必须在儒教、道教的圣地之间见缝插针,在尚未被前二教组织起来的地方按下据点=建立圣地的劣势,那么也就能理解它把土著神灵当作自己的化身来扩大影响的必要性。

像这样,佛、儒、道三教的神佛以及地方的土著神以某种特定的搭配方式共处一座寺院,构成一种独特的宗教复合现象。但我们应该看到现象背后更加本质的原因,那就是要求这种宗教复合的中国的地理、文明史条件本身和欧洲有着巨大的不同。

先从地理位置和经济条件来看，由于中国大陆尤其是自古以来人口居住比较集中的中原和长江以南地区与欧洲相比，纬度低气温相对暖和，气候也不像欧洲那样动荡厉害。因此，虽说结果无法绝对而论，但通常在那样的自然环境下各地区的自给程度相对较高，日常生活物资的获取也无需经常依赖交易。

再从政治以及文明史角度来看，中国遭受外来民族的侵略某种意味上要比欧洲更加频繁。但是我们不能忘记，这其中汉族始终占据着多数派的优势地位，入侵的外族反倒通过通婚混血等多种方式被逐渐同化，没被同化的最终沦为只占总人口百分之几的少数民族了[16]。

综上所述，不妨说，经济问题和外来民族问题让欧洲人感觉到有必要在精神、宗教世界保持团结一致，但对中国的汉族人而言则未必如此了。世界四大古代文明中唯有中国文明不曾断绝一直延续到今天的理由恐怕也与此不无关系。在这种意义上，我以为是中国的地理历史背景为上文所述的独特的宗教复合现象提供了生长的土壤。

日本的宗教复合形式

上面我们比较考察了欧洲与中国的情况，那么对于日本的宗教复合现象，其实也可以通过新的视角来重新把握。这个问题我曾在其他地方作过详论[17]，所以在此只想从补充缺漏的意义上作一些最小程度的探讨。

6 世纪前半期，当佛教从百济王国传来时，由于受到崇拜神祇信仰、祭祀的贵族势力的抵抗，大和朝廷没能以官方的立场来公然接受佛教。但是，以个人身份皈依了佛教的豪族苏我氏通过与王权联姻加强威望，并在6世纪末成功扫除了废佛势力之后，佛教基本上被当作另一种基层信仰与神祇信仰并驾齐驱，然而又互不相干地成为王权的两大支柱，同时也开始在民间传播开来。

像这样，佛教在短短半世纪之内就成为日本国教的原因主要在于，包括王权层面的神祇信仰在内迟迟不能发展成为普遍宗教，一直未能构筑起可以与佛教相对抗的思想理论。7—8世纪在律令制国家的建设过程中，王权的神祇信仰受佛教、儒教等影响，一定程度上实现了神话、祭祀体系的普遍化。我们知道，佛教和儒教都有发达的正负对立的理论基础，另一方面从贯穿整个祭神体系的凶秽忌避观念也能看出，当时的神祇信仰试图对基层信仰的未开化的相对结构单纯地进行二项对立化，从而达到文明化的目的。但结果恐怕依然不能够与佛教比肩抗衡。

不过，同时从圣德太子(574—622)的遗言“世间虚假，唯佛是真”中也可以知道，到7世纪前半期王权中枢的一部分人已经认识到支配和所有的罪恶，初步形成了对佛教的本质的理解。这种佛教理解在律令制国家统治下逐渐向一般贵族阶层扩大，到8世纪末甚至开始渗透到地方豪族阶层，而后者正是从内部打破了集体所有制而建立起土地私有的先锋。神佛结合思想——即佛教与作为基层信仰的神祇信仰正是在这样的前提下发生内在结合的。其开端是神社境内的神宫寺的建造。当时各地出现了神灵坦白自己的罪业，要求皈依佛教的动向，因此以供奉菩萨相貌的神像为主的神宫寺应运而生。神宫寺在8世纪前半期就出现在跟王权有关的伊势、宇佐、气比等大神社中，而到了8世纪末期以后，全国各地与地方豪族相关的大小神社都拥有了神宫寺。

这一动向在空海等人引进大乘密教之后更加势头高涨，为日本式的佛教形成提供了前提条件。此外，还出现了抬出被王权陷害致死的冤魂（神祇的一种形态）来控诉王权无道的运动，这种运动受佛教特别是密教的支持实现了正当化，被冠以“冤魂信仰”之名，在平安初的9世纪前半期已初具格式，后来随着时代的推移逐渐发展成供奉菅原道真之灵的天神信仰、祇园御灵会等多种形式的反王权运动。

开始于平安后期的本地垂迹理论是一种把各神社中的众多神灵都看作佛、菩萨、诸天化身的教义论说，镰仓时期以后在全国普遍流行开来。不过，这一理论实际上是佛教界策划的，他们借着神灵要求皈依佛法、建造神宫寺等现象基础，试图把基层信仰吸收包含到一个开放式的体系中来。

与本地垂迹理论并行发展的有“中世日本纪”，这是从佛教的见地来重新解释创作古代王权神话的文化现象，当时上自王权世界下至地方社会都出现了这种动向。

比如在祭祀着国家始祖神、自古以来就严格避免与佛教接触的伊势神宫，也传承着如下的神话。“天照大御神的原形是大日如来佛。她用长矛从海中捞取自己的印时，矛尖的水滴落下化为日本国土。密教中的第六天魔王见状担心佛教会在该国土上传播，人们会超脱生死，连忙下来阻止。天照大御神于是哄骗魔王说自己决不口诵三宝，也不令三宝近身。魔王得到约定便返回了天庭。从此以后伊势神宫规定境内僧侣不得进入，也不诵读佛经。但是实际上供奉在神宫的内外两宫的神灵分别是胎藏界、金刚界大日如来的化身，而天照大御神统辖的高天原则相当于密教中的兜率天。”到13世纪后半的镰仓中期，《古事记》、《日本书纪》中的王权神话都按照这样的结构被重新改写，在保留神话本来骨架的同时又给罩上了一层密教世界观的面纱。

这些理论和神话后来跟各神社的来历传说相结合，到中世末期产生了多种多样的故事版本。这表明佛教界在不断打出冤魂信仰、本地垂迹等理论观念之后，到那时甚至都把支撑神祇信仰体系的王权神话都圈入自己的掌控范围之内了。以上就是神佛结合思想的展开过程，不过在它背后无疑还有一段社会的精神发展史，那就是人们从拥有私人家业认识到人欲之罪恶并重视赎罪的普遍意识，随着时代的推移而逐渐向一般民众阶层延伸的历史。

日本式合理思想的前提

像这样，在日本的中世日本纪的发展过程中，以佛为本体、以神为化身的本地垂迹理论形式上是佛教居上来全面统率吸纳古代基层神灵的结构。不过实质上，正如前面探讨的本地垂迹理论和中世日本纪的情况所明示的，日本的神灵并没有遭到佛教的抑制或扼杀，而是佛和神以差不多同等的身份在一个开放宽松的体系内和平共存着。我们还可以通过文献确证这种关系一直保持到中世末期。而在中世日本纪的发展后期，出现了以神为本体、以佛为化身的反本地垂迹理论，主要也是因为这种宗教复合具有很大弹性空间的缘故。

不过，我们也应该注意到，在接下来的时代还出现了批判地接受本地垂迹理论、反本地垂迹理论以及从中国传来的三教(儒、佛、道)合一理论的动向,它并在王权神话的基础上试探着建立了日本固有的神道。到近世,武士和町人以不同的需要吸取了儒学,并以之为媒介,为发展合理化精神打下了基础,在此基础上日本的国学以及日本式合理思想才得以滋长开花,为日本近代社会的形成准备好了一个前提条件。

但是我以为,这并不等于说神佛结合思想到中世日本纪为止的发展白费了工夫。因为没有神佛结合思想的发展就不会有国学和日本式的合理思想生成,不仅如此,其实在近世以后神佛结合的原理还一直弥补了上述近世思想刚直有余、柔性不足的缺点,培育着一种灵活吸收外来思想的平衡思考模式。在这一意义上,神佛结合这种宗教复合现象还将为我们思考全球化进程中的现代日本该如何走出由多民族价值观的交错、深化带来的迷乱提供一种思路。

宗教复合的多样性和共通性

以上我们粗略地把握了日本宗教复合的特征和形成历史,那么究竟是什么样的历史、地理背景决定了这种宗教复合的呢?

日本是东亚地区的一个岛国,它与欧洲、不列颠群岛的情形不同,没有遭受过其他民族的侵略或征服,也没有像欧洲那样变化剧烈的气候环境,因此对于不同的价值观,无论是强制性统一还是通过交易在社会中形成的横向一元性合作,到中世末期之前都没能成为全社会的课题。而且事实上整合了基层信仰的佛教具有强烈的多神教性格。由此我们能够充分推断,是上面诸条件重合之后佛教才能够与多种基层信仰在一个完全开放的体系内发生结合，形成了日本独有的宗教复合的特质，并决定了其发展。另外，我们应该看到，中国的佛教是在同儒教、道教进行布道据点的争夺对抗中实现对基层信仰的整合统辖的，因此尽管乍一看把地方的土著神看作佛菩萨化身的做法与日本的本地垂迹理论十分类似，但本质上是有很大区别的。

再有，在欧洲基督教是在同摩尼教、犹太教、伊斯兰教等其他普遍宗教的激烈争斗中合并了各种基层信仰。在中国佛教也是在同儒教、道教的较量过程中把基层信仰组织到自己的基础中的。本文作为比较对象列举的上面这两个不同的文化圈中，普遍宗教在吸收合并基层信仰时跟其他的普遍宗教都处在一种紧张关系中。如果说这是上述两种文化圈的共性，那么日本的宗教复合从世界史角度看是否也属于比较特殊的情形了呢？因为在整个古代和中世除了佛教再没有第二个普遍宗教对基层信仰进行过实质性的吸收合并。

不过，日本的宗教复合不仅仅只有特殊性。在日本，基层信仰和普遍宗教共同构成一个复合体的过程及其结构本身与欧洲、中国的情况是基本相同的。而且，我们已经了解到，在日本以罪业自觉和赎罪为主要任务的普遍宗教是从王权阶层向着社会底层被逐步理解和接受的。一方面，日耳曼、凯尔特等民族在接受作为普遍宗教的基督教时，正如本文前面指出，也是从王公贵族开始的。再比如佛教中的佛陀本身一开始也是个皇太子，而且最初归依佛教的不是城邦国家的王就是周旋在这些国家间的富豪商人。因此可以说日本的宗教复合现象让我们看到世界各民族接受普遍宗教过程中的一个共通特点。关于各国普遍宗教的吸收今后还有待深入探究，希望本文能成为阐明这些问题的一个台阶。

* 本文文后注都为著者原注。

① 详见荒井献论文《原始基督教的成立》，收载于《岩波讲座　世界历史 2》，一九六九年。

② A. Svantesson, *Die Kulturdenkmäler und die Kirche von Gamla Uppsala*, Östervåla, 1980.

③ Adam von Bremen, *Gesta Hammaburgenis ecclesiare pontificum* (*Hamburgische Kirchengeschichte*), *Ausgewählte Quellen des 9. und 11. Jahrhunderts zur Geschichte des Mittelalters*; *Bd.*, *11*, Wissenschaftliche Buchgesellschaft, Darmstadt, 1978.

④ 根据 K.A.Brom, *Lund Wiking Blom*, Mattias Bostroms Verlag, Lund, 1999.以及伦德大教堂祭司的指教。

⑤ 根据 L.Ingvorsen, *Jelling in der Wikingerzeit*, Jelling Bogtrykkeri Verlag, Jelling, 2003.以及耶林格博物馆研究员 H.M.Mattiesen 氏的指教。

⑥ 尤里乌斯·恺撒著、近山金次译《高卢战记》，岩波文库，一九六四年。

⑦ 塞蒙·詹姆士著、井村君江等译《图说凯尔特》，东京书籍出版社，二〇〇〇年。

⑧ 参看注⑦提示参考书以及大野真弓编著《英国史》世界各国史 1，山川出版社，新版，一九六五年。

⑨ M. Rodgers&M. Losack, *Glendalough: A Celtic Pilgrimage*, The Columba Press, Dublin, 1996.

⑩ K.MacGowan, *Clonmacnois*, Kamac Publications, Dublin, 1985.

⑪ 马克·布罗克著、堀米庸三监译《封建社会》，岩波书店，一九九五年等。

⑫ 崔正森编《五台山六十八寺》，山西科技出版社，二〇〇二年。

⑬《五台山研究》二〇〇一年第 2 期（太原五台山研究编辑部）的"五台文苑"栏目中登载有李邕的《五台山清凉寺碑文》全文，并附详细译注。但翻刻者、译注者姓名不详。

⑭ 参看注⑫提示图书。

⑮ 蜂屋邦夫编著《中国的道教》，东京大学东洋文化研究所，一九九五年。

⑯ 尾形勇·岸本美绪编《中国史》，新版世界各国史 3，山川出版社，一九九八年等。

⑰ 拙著《神佛习合》，岩波新书，一九九六年。以下的论述参照同书。

* 原载于斋藤希史编著《认识日本》东大驹场连续讲义，讲谈社，二○○五年

《神佛习合》主要参考文献

石井末雄《小乘佛教》淡交社，一九六九年

井上光贞《日本净土教成立史研究》山川出版社，一九五六年

　　同《日本古代的国家与佛教》岩波书店，一九七一年

大山乔平《日本中世农村史研究》岩波书店，一九七一年

岸本裕《大乘佛教》淡交社，一九六九年

栉田良洪《真言密教成立过程研究》山喜房，一九六四年

久保田收《中世神道史研究》神道史学会，一九五四年

黑田俊雄《日本中世的国家与宗教》岩波书店，一九七五年

　　同《寺社势力》岩波书店，一九八○年

神野志隆光《古事记——天皇世界的物语——》日本放送出版协会，一九九五年

坂本赏三《日本王朝国家体制论》东京大学出版会，一九七二年

佐佐木宗雄《日本王朝国家论》名著出版，一九九四年

佐藤进一《日本的中世国家》岩波书店，一九八三年

柴田实《菅原道真与太宰府天满宫》吉川弘文馆，一九七五年

柴田实编《御灵信仰》雄山阁出版，一九八四年

菅原信海《日本思想与神佛习合》春秋社，一九九六年

平雅行《日本中世的社会与佛教》塙书房，一九九二年

高取正男《民间信仰史研究》法藏馆，一九八三年

辻善之助《日本佛教史》(第一、二卷)岩波书店，一九四四·一九四七年

所功《三善清行》吉川弘文馆，一九七○年

户田芳实《日本领主制成立史研究》岩波书店，一九六七年

同《初期中世社会史研究》东京大学出版会，一九九一年

中野幡能《八幡信仰史研究》（增补本）吉川弘文馆，一九七五年

西田长男《神社的历史学研究》塙书房，一九六六年

蜂屋邦夫编著《中国的道教》东京大学东洋文化研究所，一九九五年

福永光司《道教思想史研究》岩波书店，一九八七年

真壁俊信《天神信仰的基础研究》近藤出版社，一九八四年

同《天神信仰史研究》续群书类从完成会，一九九四年

村山修一《神佛习合思潮》创元社，一九六二年

同《变貌的神与佛》人文书院，一九九〇年

村山修一编《天神信仰》雄山阁，一九八三年

山崎利男《神秘与现实——印度教——》淡交社，一九六九年

山本幸司《秽与大祓》平凡社，一九九二年

和多秀乘等合编《弘法大师与高野山》吉川弘文馆，一九八四年

论文类

阿部泰郎《中世王权与中世日本纪——围绕即位法及三种神器之说——》、《日本文学》第三八三号，一九八五年

同《日本纪与说话》、《说话讲座》第三卷、勉诚社，一九九三年

石田瑞麿《〈往生要集〉的思想史意义》、日本思想史大系《源信》解说、岩波书店，一九七〇年

伊藤正义《中世日本纪的轮廓——围绕太平记中的卜部兼员之说——》、《文学》第四十卷十号、岩波书店，一九七二年

同《热田的深秘》、《人文研究》第三十一号，一九七九年

梅田义彦《神佛习合史研究序说》、《国学院杂志》第六十四卷五·六号，一九六三年

大隅和雄《神佛习合理论的展开》、《国文学·解释与鉴赏》第六七五号、至文堂，一九八七年

川尻秋生《谁是神佛习合的旗手》、《新视点日本历史》第三卷、新人物往来社，一九九三年

久保田收《伊势神宫的本地》、《日本历史》第二九三号，一九七二年
坂本幸男・岩本裕《法华经》解说、岩波书店，一九六七年
田村圆澄《关于神佛关系的一点考察》、《史林》第三十七卷二号，一九五四年
中井真孝《神佛习合论序说》、《日本古代佛教制度史研究》法藏馆，一九八二年
中村元《佛陀的言教》解说、岩波书店，一九八四年
中村元、早岛镜正、纪野一义《净土三部经》解说、岩波书店，一九八四年
西山良平《御灵信仰论》、《岩波讲座日本通史》第五卷、岩波书店，一九九五年
速水脩《神佛习合的展开》、《东亚的日本古代史讲座》第八卷、学生社，一九八六年
肥后和男《平安时代的冤灵信仰》、《史林》第二十四卷一号，一九三九年
堀一郎《关于神佛习和的一点考察》、《神道宗教》第六号，一九五四年
三桥正《关于〈弘仁・贞观式〉的逸文——〈延喜式〉秽规定成立考——（备忘录）》、《国书逸文研究》第二十三号，一九八九年
　　同《“延喜式”秽规定与秽意识》、《延喜式研究》第二号，一九八九年
目崎德卫《宇多上皇的院和国政》、《延喜天历时代的研究》吉川弘文馆，一九六九年
矢野建一《神佛习合》、《古代史研究最前线》第四卷、雄山阁，一九八七年
柳东植《土著信仰与宗教的受容》、《朝鲜学报》八三号，一九七七年

图书在版编目(CIP)数据

日本的佛教与神祇信仰/(日)义江彰夫著;陆晚霞译.
—北京:商务印书馆,2010(2023.9重印)
(日本学术文库)
ISBN 978-7-100-06261-9

Ⅰ.①日… Ⅱ.①义…②陆… Ⅲ.①佛教史-研究-日本
②神话-研究-日本 Ⅳ.①B949.313②B932

中国版本图书馆CIP数据核字(2008)第196226号

日本学术文库

日本的佛教与神祇信仰

〔日〕义江彰夫 著

陆晚霞 译

商 务 印 书 馆 出 版
(北京王府井大街36号 邮政编码100710)
商 务 印 书 馆 发 行
北京市白帆印务有限公司印刷
ISBN 978-7-100-06261-9

2010年4月第1版 开本850×1168 1/32
2023年9月北京第3次印刷 印张6¾

定价:38.00元